LES

REFRAINS JOYEUX

CHANSONS NOUVELLES

PAR

Charles Gille, Victor Rabineau,
Ch. Colmance, V. Drappier, H. Demanet,
A. Demanet, A. Dalès, Noël Mouret,
Gustave Leroy,
Halbert d'Angers, L.-C. Durand, etc.

PARIS
BERNARDIN BÉCHET, LIBRAIRE-ÉDITEUR,
31, QUAI DES AUGUSTINS

—

1858

LES

REFRAINS JOYEUX

LES

REFRAINS JOYEUX

CHANSONS NOUVELLES

par

Charles Gille, Victor Rabineau, [illegible]
Ch. Colmance, V. Drappier, H. Demanet,
A. Demanet, A. Dalès, Noël Mouret,
Gustave Leroy,
Halbert d'Angers, L.-C. Duraud, etc.

PARIS
BERNARDIN-BÉCHET, LIBRAIRE-ÉDITEUR,
Quai des Grands-Augustins, 31.

1858

Paris. — Imp. de Gaittet et Cie, rue Gît-le-Cœur, 7.

LES REFRAINS JOYEUX

NICOLAS LE PAUVRE GUEUX

Paroles de Ch. GUERRE. — Musique de A. MARQUERIE.

La musique se trouve chez Vieillot, éditeur, rue Notre-Dame de Nazareth, 32.

A la grange! adieu la feuillée!
Jeunes filles, jeunes garçons,
L'hiver ramène la veillée,
Ses légendes et ses chansons. (*bis.*)
Aux arbres le givre scintille :
Mais si le froid est rigoureux,
L'âtre pétille (*bis.*)
Et vous attend, troupe gentille, } (*ter.*)
Chez Nicolas le pauvre gueux.

Un jour le cri d'indépendance
Partit de la grande cité;
Nicole, au cri : Vive la France,
Combattit pour sa liberté,

Enfants, le pays peut de même
Offrir à vos cœurs généreux
Un saint baptême.
Allez apprendre comme on l'aime
Chez Nicolas le pauvre gueux.

Lorsque déshérités de gloire,
Grâces à des hommes pervers,
On vit sur les bords de la Loire,
Nos soldats pleurer un revers.
Nicole n'avait que son chaume,
Et plus d'un proscrit malheureux,
Dans le royaume,
De sa douleur trouva le baume
Chez Nicolas le pauvre gueux.

Courbé sous le faix des années.
Bientôt sa tâche va finir :
Heureux qui de ses destinées
Peut laisser pareil souvenir ;
Pour tombe il n'aura point de pierre,
Mais des larmes dans tous les yeux,
Au cimetière,
Serviront d'oraison dernière,
A Nicolas le pauvre gueux.

CONSEILS A L'ENFANCE

Paroles d'Eugène PETIT. — Musique de A. T.

La musique se trouve chez Vieillot, éditeur, rue Notre-Dame de Nazareth, 32.

Gentils enfants, l'ivresse—Vous caresse ;
L'âge d'or—Pour vous règne encor.
Autour de moi dansez, chantez sans cesse,
L'été se prête à vos amusements.
Talent, grandeur, rien ne vaut la jeunesse ;
A vous la joie, à l'homme les tourments.
Gentils, etc.

Chaque matin, des fruits et du laitage
Sont préparés pour vos gais rendez-vous ;
L'égalité vous en fait le partage,
L'égalité n'existe que pour vous
Gentils, etc.

Heureux enfants, votre cœur est sincère,
Eloignez-vous des êtres corrupteurs ;
Comme l'hiver qui dévaste la terre,
Leur souffle impur viendrait faner vos fleurs.
Gentils, etc.

Le faux plaisir est toujours mauvais guide,
Malheur à ceux qui suivent son flambeau !
Mais des vertus qui se fait un égide
Choisit le vrai, c'est l'image du beau.
Gentils, etc.

Soyez humains, ne jetez pas l'outrage
A qui par vous cherche à se ranimer ;
Souvenez-vous que l'on aime au vieil âge,
Et qu'à votre âge il faut se faire aimer.
Gentils, etc.

Craignez le ciel, aimez qu'il vous seconde,
Pour les vieillards montrez-vous généreux ;
Ne sont-ils pas les apôtres du monde ?
Pour savoir vivre il faut devenir vieux.
Gentils, etc.

Mais le jour baisse, enfants, pour la prière
Votre pasteur vous attend au saint lieu
Adorer Dieu, c'est honorer son père,
Aimer son père est rendre hommage à Dieu.
Gentils, etc.

LE POITRINAIRE

Paroles de Baptiste. — Musique de Mme A. TISSOT.

La musique se trouve chez Vieillot, éditeur, rue Notre-Dame de Nazareth, 32.

D'un doux rayon d'amour quand notre âme s'éclaire,
Partout à nos regards sans fin est l'horizon ;
Bienheureux d'adorer l'ange à qui l'on sait plaire,
Tout est rose avec lui, deuil, misère ou prison.
J'ai vu lever pour moi cette divine aurore,
Jusqu'au jour où la fièvre en arrêta le cours,
Et qu'à tes yeux, Louise, on calcula mes jours
Poitrinaire, a-t on dit, et frémissante encore,
Tu veux nous séparer, ô mes belles amours !

Le préjugé t'a dit que j'étais ridicule,
Et ton orgueil de femme alors s'est révolté,
Car, du monde aujourd'hui, pour braver la férule,
Pauvre malade, hélas! je n'ai plus ma gaîté.
Comment cacher mes traits que chaque jour colore
D'un reflet de ce mal qui rend vain tout secours.
A quel ange, mon Dieu, pourrais-je avoir recours?
La mort marque mon front, mais mon cœur bat encore.
Pourquoi nous séparer, ô mes belles amours?

Allons, n'hésite plus, que le monde l'emporte,
Il conserve pour toi des plaisirs et des fleurs;
Ecarte les remords qui siégent à ta porte,
Et détourne les yeux pour ne pas voir mes pleurs.
Mais vous, doux souvenirs d'un bien qui s'évapore,
Fantômes d'un passé qu'on évoque toujours,
Venez à mon chevet faire asseoir mes beaux jours,
Pour pouvoir en mourant les regretter encore,
Il faut nous séparer, ô mes belles amours!

L'ANGE DE LA MANSARDE

Paroles de Victor Drappier. — Musique de

La musique se trouve chez Vieillot, éditeur, rue Notre-Dame de Nazareth, 32.

Ange inconnu de la mansarde,
Doux messager des jours meilleurs,
Je suis la seule sauvegarde,
L'ange gardien des travailleurs!
Ah! ah! ah!
Je suis l'ange de la mansarde;
Ah! ah! ah!
L'ange gardien des travailleurs!

Dès que le jour commence à naître,
Fauvette aux chants capricieux,
Je murmure à mainte fenêtre
Du réveil les airs gracieux ;
Aussitôt un peuple d'abeilles
S'empresse d'emplir jusqu'au soir,
Ruches et cœurs, nids et corbeilles,
De miel, de moissons, et d'espoir. (*bis.*)
Ah !

Ange, etc.

Lorsqu'aux heures laborieuses
Succède un repos mérité,
Ma voix prend des notes heureuses,
Mes yeux rayonnent la gaîté ;
J'assiste aux repas des familles,
Et plus tard j'appelle, sans bruit,
Sur les têtes des jeunes filles
Des rêves dorés pour la nuit. (*bis.*)
Ah !

Ange, etc.

Sous la main de bien des misères,
Je fais éclore quelques fleurs :
Je mets un grain d'or aux rosaires,
J'envoie un doux songe aux douleurs ;
J'aime à bercer la peine amère
De ceux qu'ici nul ne défend,
Des enfants qui n'ont plus de mère,
Des mères qui n'ont plus d'enfant (*bis.*)
Ah !

Ange, etc.

Mais surtout des attraits étranges,
Dont le faux éclat les séduit,
J'aime à garder de pauvres anges
Dans l'ombre d'un humble réduit;
Qu'un rêve orgueilleux les enlève,
Près de l'abime et de l'affront,
Ma voix leur parle et les relève
L'étoile de la vierge au front. (*bis.*)
Ah!

Ange, etc.

LE SONNEUR DE BAGNOLET

Paroles et musique d'HALBERT (d'Angers), arrangés par A. MARQUERIE.

La musique se trouve chez Vieillot, éditeur, rue Notre-Dame de Nazareth, 32.

Puisque c'est fête au village,
Jour de joie et de bonheur,
Qui rappelle son jeune âge
A votre bon vieux sonneur.
De mon clocher à la danse,
Je vais donner l'aiguillon;
Vous brûlez d'impatience;
A moi, mon beau carrillon!
Digue, din, don,
Digue, digue, din, don. } *bis.*
Accourez tous, garçons et filles,
Le vin m'a rendu guilleret;
Je suis le doyen des bons drilles
Et sonneur de Bagnolet.

ravo. Quatre mains polies,
A mon premier dre lin din din,
Ont reçu des mains jolies
Au doux signal du crin crin.
En avant, puis en arrière,
Chaque dame et cavalier
Voltige sans toucher terre;
C'est d'un effet singulier.

Digue, din, don, etc.

Deux à deux, changeant de place
Chassant, tournant, déchassant;
J'ai peine à suivre leur trace;
Diable! c'est un pas glissant.
Tous, ils se font la poussette,
Tricottant maints rigodons;
Les dames font la chaînette;
Quels jolis p'tits pieds mignons!

Digue, din, don, etc.

L'ombre au tableau de la danse,
Le maussade dos à dos
Veut qu'on se tourne et balance,
L'on retourne plus dispos.
N'allez pas perdre la tête
Dans cet amoureux ébat,
Sagement passez la fête,
Car voici la queu' du chat.

Digue, din, don, etc.

L'on a proscrit des quadrilles
Les entrechats du vieux temps,
Egratigneurs de chevilles
Et toujours par trop blessants.
Honneur à la promenade,
L'on jase à ce pas charmant,
Les bras, les mains font l'arcade,
On s'embrasse en le faisant.

Digue, din don, etc.

Le cou-de-pied droit, à gauche,
Passe en donnant l'air bancal;
Si sur lui l'autre chevauche,
Ce pas basque n'est pas mal.
Qu'il est doux, près d'une belle,
L'amoureux pas de zéphir;
Vive encor la pastourelle,
Ce stimulant du plaisir.

Digue, din, don, etc.

La sémillante française
Dans la pirouette à deux,
Comme dans la chaîne anglaise,
A le pas voluptueux.
Mais, hélas! mon bras se lasse,
Formez le galop final;
Amis, ici-bas tout passe,
Il nous faut clore le bal.

Digue, din, don, etc.

TROP TOT VOUS GRANDIREZ

Paroles de A. JOLLY. — Musique de A. MARQUERIE.

La musique se trouve chez Vieillot, éditeur, rue Notre-Dame de Nazareth, 32.

Il me souvient de cet âge folâtre
Où nous étions encor petits enfants
Frères et sœurs, assis autour de l'âtre,
Et demandant à Dieu d'avoir vingt ans.
Auprès de nous notre bon vieux grand-père
En soupirant nous disait : « Vous saurez
Combien la vie à notre âge est amère !...
Petits enfants, trop tôt vous grandirez. »

Il nous disait : ces temples, ces statues,
Ces marbres saints que vous voyez là-bas,
Ces Dieux, pour nous, idoles abattues,
Adorez-les de loin... n'approchez pas !...
En y touchant, tout marbre devient plâtre,
On rit alors des mots les plus sacrés...
Pour vous encor tous nos Dieux sont d'albâtre :
Petits enfants, trop tôt vous grandirez.

Des longs échos échappés de nos fêtes
Vous n'entendez que les joyeux ébats ;
Un faux éclat tourne vos jeunes têtes ;
Mais si l'on rit, on pleure aussi là-bas....
Sautez longtemps sur vos parquets de mousse ;
Dans nos salons par les arts décorés,
Sous chaque rose est un souci qui pousse
Petits enfants, trop tôt vous grandirez.

Vous enviez déjà, petites filles,
De vos mamans les fleurs et les joyaux;
Mais ces bouquets qui vous rendraient gentilles
Sont sans odeur, et ces bijoux sont faux.
Pour l'amitié vous êtes assez belles!...
Toutes les fleurs dont vous vous entourez
Sont, comme vous, fraîches et naturelles :
Petits enfants, trop tôt vous grandirez.

Oui, voilà bien les avis tutélaires
Qu'un bon vieillard nous prescrivait tout bas;
Sages leçons, hélas! peu salutaires;
Avis auxquels, enfant, on ne croit pas.
Ah ! maintenant qu'à l'enfance rieuse
Ont succédé ces vingt ans désirés,
Je dis, pleurant ma jeunesse envieuse :
Petits enfants, trop tôt vous grandirez.

LA MANSARDE

Paroles de V. Drappier.—Musique de A. Marquerie.

La musique se trouve chez Vieillot, éditeur, rue Notre-Dame de Nazareth, 32.

Rose, voilà,—Oui, la voilà
Ma pauvre mansarde—Que Dieu seul regarde,
Et qui vous dit : L'Amour est là!
Entrez sans peur, ma bien-aimée
Dans mon séjour aérien,
Que votre tendresse alarmée
Se rassure et ne craigne rien;
Non, point de regret qui remplace
Ces doux instants de pur bonheur,
Votre amour même ici vous place
Sous la garde de mon honneur.
Rose, voilà, etc

Vous le voyez, plus d'un étage
Me sépare du sol bruyant,
La hauteur de mon ermitage
Ne l'a pas rendu plus brillant;
Mais, dans nos entretiens intimes,
Nous serons comme ces oiseaux
Dont les nids, aux plus hautes cimes
Les gardent des plus fins réseaux!
Rose, voilà, etc.

Mon mobilier n'est pas splendide,
Aucun luxe ne le revêt;
J'ai pour commode un coffre vide,
Un lit de sangle pour chevet.
Une chaise pour deux... que faire?
— Si l'amour met tout en commun,
En fait de siége je préfère,
Rose, avec vous n'en avoir qu'un.
Rose, voilà, etc.

Vous voyez que j'ai peu de chose
Et vous pourrez bien me souffrir;
J'aurais voulu, ma brune Rose,
Un beau salon pour vous l'offrir.
Mais j'ai la gaîté qui m'assiste,
Trésor que Dieu m'a prodigué,
L'argent fait parfois le cœur triste,
On est riche quand on est gai.
Rose, voilà, etc.

Notre hymen dont va sonner l'heure
A ses yeux doit voir tout changer,
Mon espoir n'est pas un vain leurre.
Que le vôtre soit sans danger.

A nos regards déjà tout change,
Mon grenier n'est plus un taudis;
Rose, quand Dieu me donne un ange,
Ma mansarde est un paradis!
Rose, voilà, etc.

LA CHANSON DU PASTEUR

Paroles d'Halbert (d'Angers).

Musique nouvelle de Mme Antonia TISSOT.

La musique se trouve chez Vieillot, éditeur, rue Notre Dame de Nazareth, 32.

La neige fond au loin sur les coteaux,
Le triste hiver a sonné la retraite ;
Et la cascade, enfin, n'est plus muette,
Entendez-vous, enfants, rouler ses eaux ?
Oui, tout renaît, reverdit, se colore ;
Du front des monts au penchant du vallon,
Là, chaque germe étant pressé d'éclore
Vient de briser son étroite prison,
C'est le retour de la belle saison.

Lorsque le soir
Sur le ciel noir ;
La nuit développait ses voiles
Toutes scintillantes d'étoiles ;
De la nature alors contemplateur,
Ainsi chantait notre bon vieux pasteur,
Ainsi chantait le vieux pasteur.

Mes yeux charmés se remplissent de pleurs,
Mon cœur content se dilate et s'enflamme
A cet aspect, oh ! je sens que mon âme
Voudrait renaître aussi comme les fleurs.

L'écho répond à cet oiseau qui chante
En préparant le duvet de son nid,
Puis au vieux pâtre, ici, l'herbe naissante
S'offre à nourrir son troupeau qui bondit,
Se dépouillant de son nouvel habit.
Lorsque le soir, etc.

Connaissez-vous, vous qu'on dit non croyants,
Celui qui fait toutes ces grandes choses;
Ces doux œillets, ces fraiches belles roses,
Que nous ramène aujourd'hui le printemps?
C'est le Très-Haut! lui dont la main puissante
Séparant, seul, et la terre et les cieux,
Prit le soleil... vers la voûte éclatante,
Il le lança! lui disant: va, je veux
Qu'à mes enfants soient consacrés tes feux.
Lorsque le soir, etc.

Dieu seul posa les fermes fondements
De cette terre où maintenant nous sommes;
Il ne la fit que pour parquer les hommes:
Grands et petits, nous sommes ses enfants.
Du haut des cieux, au sol de la prairie,
Lorsque tout chante et redit ses bienfaits,
A tout, pour tous, ce père de la vie
Ne dispensa nuls présents imparfaits,
Corrigez-vous de vos penchants mauvais.
Lorsque le soir, etc.

En implorant la divine bonté,
Enfants, tendez la main à l'indigence
Mais, sans compter sur la reconnaissance
Car c'est l'oubli qui fait la charité.
Cachez les doigts qui déposent l'obo

Dans cette main que tend un malheureux ;
L'adversité, déjà si rude école,
Ouvre une plaie au cœur nécessiteux
A qui l'on jette un secours vaniteux.
Lorsque le soir, etc.

LES BATTEURS DE GERBES

Paroles de V. Drappier. — Musique de A. Marquerie.

La musique se trouve chez Vieillot, éditeur, rue Notre-Dame de Nazareth, 32.

Amis (4 *bis*), les blés sont superbes,
Que l'épi n'en garde rien;
Oh! batteux, battons les gerbes!
Compagnons, battons-les bien! (*bis*).
Compagnons (*bis*), les blés sont superbes,
Compagnons (*bis*), battons-les bien! (*ter*)

Voilà la Saint-Jean passée;
Le mois approche où, content,
Rêvant à sa fiancée,
On va, la gerbe battant, (*bis*).
De nos joyeuses phalanges,
L'aurore attend les chansons;
Tous les batteux, dans les granges,
Font jaillir l'or des moissons!

Laissant les fleurs qu'on apporte
Aux gais batteux rassemblés,
A mon chapeau je ne porte
Que la fleurette des blés; (*bis*).
La giroflée, humble et blanche,
Comme elle a de doux atours,

Et j'en choisis une branche
Pour donner à mes amours!
Amis, etc.

Jamais, jamais endormie
Dans les plaisirs inconstants,
Ma pensée est à ma mie
En tout lieu comme en tout temps; (*bis*).
J'envoie amour et missive
Par l'alouette au long vol,
Et sa réponse m'arrive
Dans le chant du rossignol!
Amis, etc.

Elle ne sait pas écrire,
Et moi j'en sais tout autant!
Mais on lit sans savoir lire:
« Aime-moi, je t'aime tant! » (*bis*).
La noce viendra sans peine,
Tous nos vœux seront comblés,
Devers la Toussaint prochaine...
Jusques-là battons les blés!
Amis, etc.

LES PÊCHEURS ET L'ORAGE

Paroles de V. Rabineau. — Musique de A. Marquerie

La musique se trouve chez Vieillot, éditeur, rue Notre-Dame de Nazareth, 32.

Fuyons, pêcheurs, l'orage approche!
Voyez-vous l'effroi des oiseaux?
L'alcyon regagnant sa roche,
De son aile rase les eaux.

Sinistre appel de la tourmente,
La mouette aux cris déchirants
Tourne sur nous et se lamente
Comme un chant d'adieux aux mourants.
Pêcheurs, courage!—Voici l'orage,
Loin du port—Pour nous c'est la mort! *ter.*

Le vent redouble; adieu la vie!
Corps et biens, tous nous périssons.
L'Océan cruel nous envie
Des filets et quelques poissons,
O mer, si vous êtes avare,
Epargnez ce frêle bateau!
Il ne porte point sous sa barre
Les trésors du Sacramento. Pêcheurs.

Pitié! mon Dieu! dans ta chapelle,
Que de cœurs s'élancent vers nous!
La famille en pleurs nous appelle
Et tremblante prie à genoux.
Malheur! les lames sur l'arrière
Déferlent en flots mugissants;
Les cieux sont sourds à la prière
Et les hommes sont impuissants! Pêcheurs

Il tonne, il pleut; notre nacelle
Flotte au gré de l'onde et des airs;
La nuit vient; la vague étincelle
Au reflet des pâles éclairs.
O ciel! que vois-je?... Un brick de France!
Vite à nous, braves matelots!
Vous apportez la délivrance;
Les pêcheurs sont sauvés des flots.
Pêcheurs, etc.

LES FANTOMES DU PASSÉ

Air du *Cheveu blanc* (Marquerie).

Il est un âge où l'âme se recueille,
Où, loin du bruit, loin d'un monde moqueu
A soixante ans l'homme avec joie accueille
Les souvenirs oubliés dans son cœur ;
Amours, chagrins, pleurs nombreux, bonheur rare,
Tout s'y confond, hélas ! presque effacé ;
La vie humaine est un livre bizarre...
Venez à moi, fantômes du passé!

Je te connais, ombre toujours chérie.
Ma mère, ô toi qui m'a manqué souvent !
Source d'amour que le temps a tarie,
Trésor perdu qu'on regrette en rêvant ;
J'ai, loin de toi, suivi mainte chimère,
Et je m'arrête enfin, vieux et lassé ;
La force échappe à qui n'a plus de mère...
Venez à moi, fantômes du passé!

Qui donc, es-tu, spectre couleur de rose
Qui me souris et qui me tends la main?
C'est toi, salut, Jeanne, Marie ou Rose,
Toi qui jadis suivais mon gai chemin ;
Je te connais, quoique dans mon espace
Ton doux regard se soit vite éclipsé ;
L'amour ressemble au feu follet qui passe...
Venez à moi, fantômes du passé!

Quel est ton nom, ô sylphide charmante,
Qui de mes maux veux prendre la moitié?
De mes chagrins ton chagrin qui s'augmente
Me dit tout bas qu'on te nomme Amitié!

Mon cœur jadis ne t'a point méconnue,
Tu m'as trahi, mais, quoique délaissé,
Heureux encor celui qui t'a connue...
Venez à moi, fantômes du passé!

Illusions, rêves d'or, brillants songes,
Vous entourez mon âme en désarroi,
L'heure a sonné de faire, ô gais mensonges!
A mes beaux jours un cortége de roi;
Ne fuyez pas le voyageur qui tombe,
Le parfum reste où vous avez passé;
Il est encor des fleurs près de la tombe...
Venez à moi, fantômes du passé! V. DRAPPIER

GEORGES ET MARIE

Air de *la Fleur des champs.*

Je vais partir, pauvre Marie,
Ton Georges demain est soldat;
Mais par moi tu seras chérie,
Au plus fort même du combat.
La guerre à tous n'est pas mortelle,
Que t'apporterai-je, vainqueur?
— Rapporte-moi, répondit-elle,
Ami, rapporte-moi ton cœur!

Mon cœur est à toi sans nul doute,
Malgré tous nos sanglants débats,
Mais il n'est rien que je redoute,
Je puis tout espérer là-bas,
Si je te rapportais, ma belle,
Un jour quelque sabre d'honneur...
—Rapporte-moi, répondit-elle,
Ami, rapporte-moi ton cœur!

Comme un autre j'ai du courage,
Emule des guerriers fameux,

Ne puis-je, dans ces jours d'orage,
Sortir de la foule comme eux;
Et t'apporter, toujours fidèle,
Un grade acquis par ma valeur?...
— Rapporte-moi, répondit-elle,
Ami, rapporte-moi ton cœur!

Crois-moi, l'ambition, ma brune,
Ne peut en rien gêner l'amour,
Ne puis-je rêver la fortune
Afin de te l'offrir un jour?
Si je te la rapportais telle
Qu'on envirait notre bonheur?...
— Rapporte-moi, répondit-elle,
Ami, rapporte-moi ton cœur!

Georges partit plein d'espérance,
Hélas! pour ne plus revenir,
Marie, en sa longue souffrance,
Vit ses derniers rêves finir;
Dieu reprit son âme immortelle,
Mais en expirant de douleur,
Rapporte-moi, murmurait-elle:
Ami, rapporte-moi ton cœur!

V. Drappier.

LES SAUVETEURS

Paroles de N. Mouret. — Musique de Pierre Dupont.

La musique se trouve chez Vieillot, éditeur, rue Notre-Dame de Nazareth, 32.

Air du *Chant du soldat.*

Salut, honorables phalanges,
Quand les éléments destructeurs
Enlacent nos fils et nos sœurs,
Vous êtes leurs libérateurs,

Au ciel les vierges et les anges, les anges, les
Couronneront les sauveteurs. (anges,

Quand du beffroi le timbre pleure,
Quand tout tremble, jusqu'au palmier
Le sauveteur de sa demeure
S'échappe toujours le premier ;
L'Eternel verse dans son âme,
Amoureuse d'un beau trépas,
Un divin rayon de sa flamme ;
Souvent il lui prête son bras.
Salut, salut, etc.

Quand le phare de l'incendie
Dore le manteau du ciel bleu,
On applaudit la main hardie
Qui lutte avec la poutre en feu ;
Cette main ferme et généreuse
Qui brûle au foyer du malheur,
C'est la main noble et courageuse
De l'intrépide sauveteur.
Salut, salut, etc.

Quand les flots, grossis par l'orage,
Emportent un nageur mourant,
Le sauveteur avec courage
S'élance au milieu du torrent.
Lorsqu'il reparaît sur l'abîme.
Son front pâle devient vermeil,
Si l'œil éteint de la victime,
Sourit aux baisers du soleil.
Salut, salut, etc.

Quand la mer fouette le rivage
Avec un linceul de géant,
Le sauveteur quitte la plage,
Et va combattre l'Océan ;

Malgré les brisans, la nuit sombre,
Il vole d'écueil en écueil,
Les flancs d'un navire qui sombre
Souvent lui servent de cercueil.
Salut, salut, etc.
La mort, ce terrible fantôme,
S'évanouit à leur aspect,
Dans les palais et sous le chaume,
On parle d'eux avec respect;
Sur l'airain où Clio burine,
Leurs noms vénérés sont inscrits;
Et près du cœur sur leur poitrine,
Leurs brillants travaux sont écrits.
Salut, salut, etc.
Le sauveteur est équitable,
Aussi chez eux ils sont égaux,
On y voit à la même table
Des soldats et des généraux;
De l'honneur ils sont les apôtres,
Leur corps compte plus d'un martyr,
Car pour sauver les jours des autres,
Ils sont toujours prêts à mourir.
Salut, salut, etc.

PAUVRE PETIT, PRENDS GARDE A TOI

Paroles de Ph. Leroy.—Musique de A. Marquerie.

La musique se trouve chez Vieillot, éditeur, rue Notre-Dame de Nazareth, 32.

Pauvre petit! sur cette terre
Au moment d'égarer tes pas,
Ecoute un avis salutaire
A tout voyageur ici-bas :

Parmi tant de mortels fragiles
Où chacun n'agit que pour soi,
Les chemins sont bien difficiles; } *bis.*
Pauvre petit! (*bis*) prends garde à toi. }

Fatigué des jeux de l'enfance,
Fatigué d'innocents plaisirs,
Aux jours de ton adolescence
Tu formeras d'autres désirs
Où l'amour avec ses alarmes
A ton cœur dictera sa loi;
Il fait répandre bien des larmes...
Pauvre petit! (*bis*) prends garde à toi.

Pour bien vivre dans ce bas monde,
Il suffit d'être vertueux;
Mais le vice, à chaque seconde,
Séduit l'être voluptueux.
Au vice aisément on s'attache,
Les yeux l'observent sans effroi;
Sous les fleurs le serpent se cache...
Pauvre petit! (*bis*) prends garde à toi.

Si tu veux vivre dans l'histoire.
Affronte chagrins et douleurs;
Le sentier qui mène à la gloire
N'est pas toujours bordé de fleurs:
Bien souvent le fruit du génie,
Flétri par la mauvaise foi,
Tombe au vent de la calomnie,
Pauvre petit! (*bis*) prends garde à toi.

La vie est à peine essayée
Qu'à Dieu nous payons un tribut;

Pour nous sur la route frayée
Le destin a marqué le but.
Alors l'existence succombe,
Enfant ou vieillard, pâtre ou roi,
Tout homme appartient à la tombe...
Pauvre petit! (*bis*) prends garde à toi.

LES FILLES DE MARBRE

Paroles de V. Drappier. — Musique de A. Marquerie.

La musique se trouve chez Vieillot, éditeur, rue Notre-Dame de Nazareth, 32.

Jetez les yeux dans leur riche voiture,
Sur ces beautés provoquant mille égards,
Chez la Phryné que le vice sature,
C'est Aspasie aux lubriques regards.
Reines du jour, on vous fête, on vous place
Sur les velours d'un merveilleux trépied...
Filles de marbre, arrière, et faites place
A la vertu qui passe et marche à pied!

Aux sentiments les plus sacrés rebelles,
Vous promenez partout votre œil vainqueur,
C'est le démon qui vous forma si belles,
En oubliant de vous donner un cœur!
Ce don du ciel qui manque à votre race,
Vous rend sans crainte et vous fait sans pitié...
Filles de marbre, arrière, et faites place
A la vertu qui passe et marche à pied!

Quand vous frôlez, d'hermine revêtues,
La pauvreté qui suit de durs sillons,

De la débauche inflexibles statues
Vous outragez la sagesse en haillons;
De ses longs jours dont se rit votre audace,
L'or d'un souper nourrirait la moitié...
Filles de marbre, arrière, et faites place
A la vertu qui passe et marche à pied!

Nous avons vu de pauvres jeunes filles,
Grâce à vos soins, bientôt, anges déchus,
A qui plus tard, désolant leurs familles,
Le désespoir et la mort sont échus ..
Du vice heureux, parfumé, plein de grâce,
L'attrait fatal en a par trop souillé...
Filles de marbre, arrière, et faites place
A la vertu qui passe et marche à pied!

Séduit par vous, plus d'un enfant prodigue
Entre vos bras rêve en vain le bonheur,
Et met la main sur la dernière digue
Qui contre vous protégeait son honneur;
Que vous importe! un autre le remplace,
Un soir d'orgie, et tout est oublié...
Filles de marbre, arrière, et faites place
A la vertu qui passe et marche à pied!

Oui, votre règne a fait trop de victimes,
Rome et Paris ont trop doré vos jours;
Oui, le mépris va creuser les abîmes
Où vous allez descendre pour toujours ..
Vous tomberez comme tombe et s'efface
Un bijoux faux qu'on a bientôt broyé...
Fille de marbre, arrière, et faites place
A la vertu qui passe et marche à pied!

GARDEZ BIEN VOS FLEURS

Air : *Petit Bouton d'or.*

Jeunes filles si joyeuses
Dont les jolis doigts
Font, parmi les fleurs soyeuses,
Si vite un doux choix ;
Ménagez, à peine écloses,
Leurs tendres couleurs.
Un souffle ternit les roses,
Gardez bien vos fleurs.

Je suis vieux, ma tête est blanche,
Mes pas sont pesants,
Mais croyez, quand mon corps penche,
Mes quatre-vingts ans ;
Les bouquets que l'on effeuille
Font couler des pleurs...
La vie est dans chaque feuille ;
Gardez bien vos fleurs

Gardez ces roses qu'on aime ;
Qui viennent de Dieu,
Sans jamais hâter vous-même
L'heure de l'adieu ;
Il est pour les beautés frêles
De tristes pâleurs...
Ah ! pour vous comme pour elles,
Gardez bien vos fleurs.

Vous êtes, cœurs diaphanes,
Sans vouloir faillir,
Des fleurs que des mains profanes
Voudraient bien cueillir ;

Puissent de vous mes paroles
Chasser les douleurs...
L'Amour dort dans vos corolles !
Gardez bien vos fleurs.

Il leur faut les purs royaumes
Des airs et des champs,
N'exposez pas leurs arômes
A l'or des méchants ;
Repoussez, toujours rebelles
Ces fiers recéleurs...
La pudeur vous rend plus belles,
Gardez bien vos fleurs.

Le Temps, sans qu'on le redoute,
Sous vos gais abris,
Un jour en prendra sans doute
Les derniers débris ;
Pour que, loin d'être funeste,
Il soit sans malheurs,
Pour que leur parfum vous reste !
Gardez bien vos fleurs. V. DRAPPIER.

BIENHEUREUX QU'A L'ŒIL

Air : *Voilà la manière de vivre cent an* .

Tout le monde chante,
Soit bien ou soit mal;
Refrain qui contente
N'a pas son égal.

Sur un chant joyeux,
Quand, parfois, ma muse s'escrime,
La raison, messieurs,
Y fait souvent place à la rime...

Et quoi que l'on fasse
Aux miens bon accueil,
Sur le Mont Parnasse
Bien heureux qu'a l'œil!

En vidant son verr
Oublier ses maux,
C'est être sur terre
Heureux sans rivaux.
Mais on use, hélas!
Bien vite son or et son cuivre;
Et tous, ici-bas,
Devons d'abord payer pour vivre.

Après la lichance,
Ma bourse est en deuil,
Pour faire bombance
Bien heureux qu'a l'œil!

Autrefois, les belles
Ont, en mon printemps,
Eté bien rebelles
A mes doux accents.
De payer, ma foi,
Je ne fis jamais la sottise;
L'amour, selon moi,
Ce n'est pas une marchandise...

Car des amourettes
L'argent est l'écueil,
Et près des fillettes
Bien heureux qu'a l'œil.

Souvent, quand un frère,
En manquant de pain,
Tend sa main sincère
A tout bon humain;
Pour le rendre heureux
En le sauvant de la misère,
Qui n'a que des vœux
En éprouve une peine amère.

Ah! pour que l'on puisse
Sans bruit, sans orgueil,
Lui rendre service,
Bien heureux qu'a l'œil!

Lorsque la femelle,
Qui file toujours,
Coupe la ficelle
Qui suspend nos jours,
Il nous faut payer,
Pour faire enfin le grand voyage,
Suisse, marguillier,
Corbillard, tenture, attelage...

Mais quand, par mégarde.
On boit son cercueil,
Près de la camarde
Bien heureux qu'a l'œil! J. Goizet.

LES AMOURS DE BÉRANGER

Air de *Charlotte*.

Béranger consola toujours
Le travailleur et la grisette;
Liberté, chanson et Lisette,
Oui, voilà ses amours!

Poète obscur encor,
Mais que le temps regarde,
Il aimait la mansarde
Où glisse un rayon d'or;
Où, — que le gai printemps
Au ciel meure ou renaisse, —
L'amour et la jeunesse
Sont si bien à vingt ans!
Béranger, etc.

Appui des malheureux,
Ses refrains dans l'orage
Retrempaient leur courage
En bruissant pour eux;
Toujours de leur parti,
Il guidait, comme l'ange,
L'ouvrière phalange
Dont il était sorti!
Béranger, etc.

Si des pouvoirs divers
Ses jours étaient esclaves,
Il aimait leurs entraves
Qu'illustraient ses doux vers,

Car l'étroit horizon
Conservait, pour l'histoire,
Un rayon de sa gloire
Aux murs de sa prison!
  Béranger, etc.

Son cœur n'enviait pas
Les tendresses exquises
Des superbes marquises
Aux dédaigneux appas.
Vive un frais cotillon!
Foin de l'or sur les tailles!
Toutes les Pretintailles
Pour Lise ou Frétillon!
  Béranger, etc.

Comme il aimait surtout,
Lisette à l'œil de flamme!
En essuyant un blâme,
Comme il oubliait tout!
Heureux à ses côtés,
Ne vivant plus loin d'elle,
Et pardonnant, fidèle,
Ses infidélités!
  Béranger, etc.

A son tour, dans son cœur,
Le pays qui l'honore
Au luth qui vibre encore
Garde un amour vainqueur.
Ce luth qui l'a chanté
Appartient, avant l'heure,
Sans que la mort l'effleure,
A l'immortalité!
  Béranger, etc.

DURAND.

A QUOI PENSES-TU?

Air du *Petit Papillon azuré.*

Déjà sur ton front, Marguerite,
De légers plis se sont formés,
En pleurant, as-tu droit, petite,
D'abîmer ces yeux tant aimés?
Près de toi je vois ta faucille,
Ton œil est humide, abattu;
La main sur ton cœur, jeune fille,
Jeune fille, à quoi penses-tu?

Sur un banc de feuilles placée,
Eh quoi! ton joli pied distrait
Ecrase une pauvre pensée
Qui cependant ne t'a rien fait;
La fleur que ton pied éparpille
Offensa-t-elle ta vertu?
La main sur ton cœur, jeune fille,
Jeune fille, à quoi penses-tu?

Soudain le tambour du village
Rassemble nos joyeux conscrits,
Tu tournes ton charmant visage
Du côté d'où partent les cris;
A tes cils une larme brille
Au bruit de ce tambour français...
Oh! ne me dis rien, jeune fille,
Je sais bien à quoi tu pensais. G. Leroy.

L'ENFANT TROUVÉ

Air de *la Rose des Champs.*

Depuis peu sorti d'un hospice,
Un pauvre enfant, les yeux en pleurs,
Disait : Dieu, soyez-moi propice,
Mon cœur s'use dans les douleurs ;
En caressant une chimère,
Sur l'espoir il s'est énervé.
O mon Dieu ! donnez une mère
Au malheureux enfant trouvé !

Un doux souvenir me console,
On m'a dit que j'étais petit
Lorsque ma mère devint folle,
Et que le bon Dieu la reprit ;
Son cœur céda sous la misère,
Mais il n'était pas dépravé.
O mon Dieu ! donnez une mère
Au malheureux enfant trouvé !

Un vif sentiment m'étreint l'âme,
Quand je vois, d'un air triomphant,
Dans la rue une pauvre femme
De baisers couvrir son enfant;
Hélas ! ce bonheur éphémère,
Je ne l'ai jamais éprouvé.
O mon Dieu ! donnez une mère
Au malheureux enfant trouvé !

Quand l'orphelin, seul sur la terre,
Prie à genoux le Créateur,

Il mêle un nom à sa prière :
Vincent-de-Paul, son bienfaiteur ;
Par son humanité sincère
Plus d'un pauvre enfant fut sauvé.
La Charité servit de mère
Au malheureux enfant trouvé !

Ainsi disait, dans sa détresse,
Le pauvre orphelin en pleurant,
Quand une femme à lui s'adresse
Et lui dit : Deviens mon enfant ;
Tu souffres, et ta peine amère
Atteste un cœur pur, élevé.
Viens, mon fils, je donne une mère
Au malheureux enfant trouvé. DURAND.

OU VAS-TU, PETIT OISEAU ?

Air : *A voltiger vous fatiguez vos ailes.*

Petit oiseau, timide encore,
Echappé du buisson natal,
Où vas-tu donc depuis l'aurore?
Jeune imprudent, redoute un sort fatal!
Loin du soutien de ta force éphémère,
A la jeunesse on tend plus d'un réseau...
Ah!
L'écho m'a dit les soupirs de ta mère;
Où vas-tu donc, pauvre petit oiseau?

Que te manquait-il auprès d'elle?
N'avais-tu pas tes grains de mil?
Pour t'écouter, son cœur fidèle,
Pour t'égayer, les deux soleils d'avril?

Les champs pour toi n'avaient pas d'onde amère,
Et la cité n'a pas de pur ruisseau.
Ah !
L'écho ma dit les soupirs de ta mère;
Où vas-tu donc, pauvre petit oiseau?

Est-ce le plaisir qui t'amène?
Son faux éclat t'a-t-il séduit?
Plus d'un piége, en son beau domaine,
T'attend caché sous les fleurs d'aujourd'hui;
Va, rien ne vaut, pour bercer ta chimère,
Le nid d'amour que balance un roseau.
Ah !
L'écho m'a dit les soupirs de ta mère;
Où vas-tu donc, pauvre petit oiseau?

Tu fuis ma voix rude et sévère;
Dieu quelquefois punit pourtant
L'enfant ingrat qui persévère
Lorsque sa mère au loin pleure et l'attend;
Ne crains-tu pas, au jour de la misère,
De retrouver un nid vide au hameau?
Ah !
L'écho m'a dit les soupirs de ta mère,
Où vas-tu donc, pauvre petit oiseau? DURAND.

PAUVRE MÈRE

Air de *la Rose des Champs.*

Seule, oubliée en sa mansarde,
Le front d'un nuage obscurci,
Les yeux en pleurs, elle regarde
Un jeune enfant qui pleure aussi.

—C'est le fruit du libertinage
Ont dit les heureux d'ici-bas...
—Pauvre mère, reprends courage, } *bis*
De ton enfant ne rougis pas. }

En effet, quoique fille encore,
L'enfant qu'elle allaite est le sien...
Et pour cet ange qu'elle adore,
Hors son travail, elle n'a rien!
Faible, il lui faut, manquant d'ouvrage,
En chercher, son fils dans ses bras!
—Pauvre mère, reprends courage,
De ton enfant ne rougis pas.

Belle et folle, je l'ai connue,
Avant qu'un brillant désœuvré
Eût fait à la tendre ingénue
Un serment qu'elle a cru sacré.
Séduire une enfant pure et sage,
Dieu ne le pardonnera pas!
—Pauvre mère, reprends courage,
De ton enfant ne rougis pas.

Avec dédain, quand elle passe,
Des mères disent : La voici!..
—Toute femme doit trouver grâce
Qui tombe et se relève ainsi!
La chaste épouse qui l'outrage,
Sans guide eût pu tomber plus bas!
—Pauvre mère, reprends courage,
De ton enfant ne rougis pas.

Quand, sous votre parole amère,
Son front pâlit, son cœur se fend;

Allez au bal, heureuse mère
Dont une autre nourrit l'enfant;
Allez, sans rougeur au visage,
Demi-nus montrer vos appas...
—Pauvre mère, reprends courage,
De ton enfant ne rougis pas.

Ah! ne lui soyez plus hostiles,
Vous, dont le cœur est faible aussi,
Bien des vertus sont plus faciles
Qu'une faute expiée ainsi!...
Que chacun console et soulage
Celle à qui Dieu rouvre ses bras!...
—Pauvre mère, reprends courage,
De ton enfant ne rougis pas. A. JOLLY.

LE VÉRITABLE ENFANT DE PARIS

Air de *la Fauvette de Paris.*

Aimer la fleurette,
Les jeux et les ris;
Voilà, la lirette,
L'enfant de Paris.

Comme un vaudeville,
Son esprit malin
Enchante la ville
Et plaît au moulin;
Il est érudit,
Possède une belle mémoire,
Mais tout ce qu'il dit
On n'est pas forcé de le croire.
Aimer la fleurette, etc.

Comme une hirondelle
Il vole toujours,
Il est infidèle
Dans tous ses amours;
C'est un papillon
Léger comme un cœur de coquette,
C'est un vrai brouillon,
En lui tout est bon, hors la tête!
Aimer la fleurette, etc.

Il parle avec grâce
Et chante avec goût,
Rien ne l'embarrasse,
C'est un brûle-tout;
Comme ses aïeux,
Quand le sort le fait militaire,
Il est orgueilleux,
Et vaillant comme un mousquetaire.
Aimer la fleurette, etc.

Si, comme naguère,
Sur le champ d'honneur,
On faisait la guerre,
Il serait vainqueur;
Si quelque félon
Vendait le drapeau tricolore,
Aux buttes Chaumont
On le verrait courir encore.
Aimer la fleurette, etc.

De sa tendre mère
Il est le soutien,
Il est sur la terre
Son ange gardien;

Quand le vent du soir
Entonne son chant de détresse,
Il est son espoir,
Il est son bâton de vieillesse.
Aimer la fleurette, etc. Noël MOURET.

NE PARTEZ PAS

Air de *Mes vingt ans.*

Quoi! vous voulez quitter votre village
Et l'humble toit qui vous a vu grandir?
Ah! croyez-moi, Lise, soyez plus sage,
Faites ici doux rêves d'avenir;
L'enfant qui fuit loin des yeux de sa mère
Mouille de pleurs la trace de ses pas,
Du repentir la coupe est trop amère :
Ah! croyez-moi, Lise, ne partez pas.

L'on vous vanta la ville des merveilles,
Paris brillant, Paris, roi des plaisirs,
Ces vains attraits ont fatigué vos veilles,
Et dans vos sens s'allument maints désirs;
Vous oubliez, sous une folle ivresse,
Ce mot d'amour autrefois dit tout bas,
Que l'amitié scella d'une caresse :
Ah! croyez-moi, Lise, ne partez pas.

Dans votre esprit vous souriez d'avance
Au bal joyeux, au théâtre enchanteur,
A ces reflets dorés de l'opulence
Brûlant les yeux, mais délaissant le cœur;
Naïve enfant, du printemps de la vie
N'effeuillez point les roses, les lilas

Tout fane et meurt au souffle de l'envie.
Ah! croyez-moi, Lise, ne partez pas.

C'est au foyer, berceau de la famille,
Sous ce vieux toit qu'ont rajeûni vos chants,
Où'il faut trouver, ô douce jeune fille!
Du vrai bonheur les charmes attachants;
Le flot jaloux qui là-bas vous entraîne,
De doux trésors vous ravit les appas
Jouet des vents la vague est incertaine.
Ah! croyez-moi, Lise, ne partez pas.

M. Patez.

LES ADIEUX A LA MANSARDE

Air du *Nez culotté.*

Reçois mes adieux,—Modeste mansarde,
Je quitte ces lieux—Que le vent lézarde;
'onsoir, mon voisin,—Demain
Je pars pour Pantin.

Maudit le jour qui me fit prolétaire,
Sauf le métier,
Mieux vaut être portier;
On a du moins chez le propriétaire
Gratuitement
Son petit logement,
Et pour son loyer,
Plus heureux que le locataire,
Jamais le portier
Chez lui ne voit entrer l'huissier. Reçois.

Je porte envie au sort de Diogène,
Ah! comme lui,
Que ne suis-je aujourd'hui!
Ce philosophe, à l'abri de ma gêne,
En plein soleil
Goûtait un doux sommeil.
Sans un lourd fardeau
En censeur de l'espèce humaine,
Jusqu'à son tombeau
Il roula gaîment son tonneau. Reçois, etc.

On n'a jamais vu, de mémoire d'homme,
Le logement
Aussi cher qu'à présent;
Pour un trimestre, il faut tripler la somme,
Soit au premier,
Au second, au grenier.
Mes sens sont aigris,
Vraiment, bientôt je ne sais comme
Les rats, les souris
Pourront se loger à Paris! Reçois, etc.

C'est pourtant là que du sein de ma mère,
Fruit de l'amour,
Je vis mon premier jour;
C'est encor là que mourut mon vieux père,
Laissant mon cœur
En proie à la douleur;
Je croyais ici
Comme eux terminer ma carrière,
Mais pour mon souci
Le sort ne le veut pas ainsi. Reçois, etc.

PARAT.

MARJOLAINE

Air de *la Permission de 10 heures.*

Perle fine du hameau,
Voyez Marjolaine
Qui va danser sous l'ormeau,
En jupe de laine;
Pas de fillette aux alentours
Qui soit plus simple en ses atours;
C'est un lys dans la plaine.
Vers le bal courez tous;
Beaux danseurs, qu'y cherchez-vous?
Du plaisir? en voilà,—Marjolaine est là!

Marjolaine est un trésor
Que chacun envie;
Tête vive, mais cœur d'or;
C'est toute sa vie.
Quand arrivent neige et glaçons,
De ses jeux et de ses chansons
La veillée est ravie.
Soirs si courts! soirs si doux!
Jeunes gens, qu'y cherchez-vous?
Des amours? en voilà,—Marjolaine est là?

Oui, mais allez doucement,
Marjolaine est sage;
Jamais indiscret amant
N'ouvrit son corsage;

Elle permet bien un baiser,
Mais, gare à qui voudrait oser
Le tendre apprentissage!
Il lui faut un époux;
Beau Lucas, que cherchez-vous?
Du bonheur? en voilà,—Marjolaine est là!

Victor Rabineau.

JEANNE, JEANNETTE ET JEANNETON

Air de *la Fleur des champs.*

Voyez vous ces trois jeunes filles
Dont l'amour peut faire un doux choix
Toutes trois, plus ou moins gentilles,
Mais séduisantes toutes trois?
Elles parfument les campagnes,
Ces trois fleurs du pays breton...
De qui serez-vous les compagnes,
Jeanne, Jeannette et Jeanneton?

Jeanne que maint seigneur proclame,
Jeanne qui connaît sa beauté,
A tout l'air d'une grande dame
Sous sa toilette et sa fierté.
Jeanne est vraiment la plus altière
Des beautés de tout le canton...
De vous prendra-t on la plus fière,
Jeanne, Jeannette et Jeanneton?

Jeannette toujours rit et chante,
Les échos ne lui manquent pas,
Sa chanson plaît, son rire enchante,
Ses airs coquets sont pleins d'appas;

Sa gaîté, dont chacun raffole,
Se moque du qu'en dira-t-on...
De vous prendra-t-on la plus folle,
Jeanne, Jeannette et Jeanneton!

Jeanneton qui souvent s'enferme,
Travaille dans toute saison,
C'est la Cendrillon de la ferme,
C'est le bijou de la maison;
Elle ne séduit au passage
Ni par ses yeux ni par son ton...
De vous prendra-t-on la plus sage,
Jeanne, Jeannette et Jeanneton?

De Jeanne la beauté s'envole,
Tout seigneur près d'elle a passé;
Jeannette, autrefois si frivole,
En vain recherche un fiancé;
Chez Jeanneton, fleur vigoureuse,
L'hymen joint la bure au coton...
De vous quelle est la plus heureuse,
Jeanne, Jeannette et Jeanneton?

Victor Drappier.

LES SOLDATS DE LA LOIRE

Air : *Quelle valse vive et légère.*

Doux souvenirs de mon pauvre village,
Hélas ! qu'êtes-vous devenus?
Plaisirs qui charmiez mon jeune âge,
Adieu, je ne vous verrai plus!

Du haut d'une montagne,
Deux pauvres grenadiers
Contemplaient la campagne
Qu'ils avaient sous leurs pieds ;
Jean nettoyant ses armes,
Tout pensif, écoutait
Paul qui, les yeux en larmes,
Tristement répétait :

Doux souvenirs, etc.

Au loin dans la poussière
Je distingue, grand Dieu !
Notre pauvre chaumière
Détruite par le feu.
Vois cette croix de pierre
Où le soleil reluit ;
C'est celle de mon père ;
Amis, prions pour lui !

Doux souvenirs, etc.

Quelle est cette musette ?
Quels sont ces paysans ?
Est-ce le jour de fête
Qu'on chôme tous les ans ?
C'est une mariée
Qu'on voit passer là-bas,
Ciel ! c'est ma fiancée ;
Lise ne m'attend pas !

Doux souvenirs, etc.

Le soldat de la Loire
Aime encor l'empereur ;
Nous partagions sa gloire,
Partageons son malheur.
La fortune cruelle
A trahi sa vertu !
Sainte-Hélène t'appelle
Soldat, hésites-tu ?

Doux souvenirs, etc.

On coupa le vieux hêtre
Ornement de ces monts ;
A son ombre, un vieux prêtre
Me fit de doux sermons
Sur ce banc de bruyère
Aux tronçons racornis,
Quand je partis, ma mère
M'a dit : Je te bénis !

Doux souvenirs, etc.

Ils quittent cette place
Qui les vit tant souffrir ;
Se perdant dans l'espace
Qu'ils ont à parcourir.
Pour faible souvenance
Le vieux Jean entreprit
Cette simple romance
Que le hasard m'apprit.

Doux souvenirs, etc. G. Leroy.

BERNERETTE

Paroles d'A. Dalès, — Musique de A. Marquerie.

musique se trouve chez Vieillot, éditeur, rue Notre-Dame de Nazareth, 32.

Ah! ah! Bernerette,
Gentille brunette
Avec ta gaîté,
Garde, ma petite,
Dans ton cœur partout vanté,
Ces doux mots que l'on cite :
Egalité,—Fraternité,—Humilité,
Amour, pardon et charité.

Quelle est gentille, Bernerette
A l'œil fripon,
Au cœur si bon!
Elle aime à donner en cachette,
Chacun cite de la fillette
La charité,
Et la bonté,
L'esprit, la grâce et la beauté :
Sur sa route, jamais, en vain,
Un pauvre ne lui tend la main.
Ah! ah! Bernerette, etc.

Il faudrait la voir, Bernerette
A l'air mutin,
Chaque matin,
Joyeuse, quitter sa couchette,
Pour entendre de l'alouette
Et les doux sons

Et les chansons ;
Courir au travers des moissons,
On croirait, la voyant aller,
Voir un papillon s'envoler.

Ah! ah! Bernerette, etc.

Le sort a doté Bernerette
De moins d'écus
Que de vertus ;
Par bonheur, elle est peu coquette,
Elle sait plaire sans toilette,
Des vains atours
Riant toujours,
Par ses bienfaits comptant ses jours ;
Pour donner, l'autre jour encor,
La belle a vendu sa croix d'or.

Ah ! ah ! Bernerette, etc.

Pour donner sa main, Bernerette,
Sans briguer l'or
D'un matador,
A l'amour vrai payant sa dette,
A su se choisir en cachette
Un artisan
Doux, bienfaisant ;
Par le travail s'utilisant,
La fauvette de l'atelier
Prend pour époux un ouvrier.

Ah ! ah ! Bernerette, etc.

Alexis Dalès.

LA FIANCÉE MOURANTE

Air de *Mes 20 ans*, ou *du Retour en France.*

Comme un beau lys dont la tige s'incline,
Frêle et glacé au souffle des autans,
Telle, chez moi, fleur de santé décline,
Telle, je passe, et je n'ai pas vingt ans!
O toi qui fus mon unique pensée,
Toi que j'appelle à me fermer les yeux,
Ecoute, ami : je meurs ta fiancée,
Mais souviens-toi que je t'attends aux cieux.

J'étais déjà défaillante et plaintive,
Quand sur mon cœur j'ai senti ton pouvoir;
Alors, j'ai cru que ma langueur native
Allait se fondre au feu de ton œil noir.
Quoiqu'impuissant à vaincre ma souffrance,
Va! ton amour m'est toujours précieux ;
Il est encor ma dernière espérance,
Mais souviens-toi que je t'attends aux cieux.

Suis-je pour toi d'une exigence étrange,
En implorant un dévoûment si beau?
N'as-tu pas dit : Je t'aime, ô mon cher ange,
Et veux t'aimer au-delà du tombeau?
Puisque l'amour survit à l'existence,
(Tu l'as juré : serment délicieux!)
Vivante ou morte, il me faut ta constance,
Mais souviens-toi que je t'attends aux cieux.

Quel doute affreux vient me traverser l'âme!
Mes derniers vœux seraient-ils superflus?
D'autres beautés, sollicitant ta flamme,
Te tromperaient, quand je ne serai plus!
Ah! par pitié, fuis ces enchanteresses...
Mon ombre, hélas! te suivrait en tous lieux,
Si tu te sens faiblir à leurs caresses,
Ah! souviens-toi que je t'attends aux cieux.

DURAND.

LA GRISETTE D'AUJOURD'HUI

Air de *Margot*.

Comme Lisette,
Folle grisette,
C'est le plaisir qui partout me conduit,
Et pour qu'on m'aime,
Toujours la même,
Je veux demain rire comme aujourd'hui.

Quand d'un ciel bleu le rayon me regarde,
Jamais l'ennui n'assiste à mon réveil,
Et la gaîté chante dans ma mansarde,
Comme un pinson qui voltige au soleil;
Blonde fleuriste,
Rien ne m'attriste;
L'insouciance habite mon séjour;
Active abeille,
Dans ma corbeille,
Le travail met son miel de chaque jour.

Qu'un autre rêve et boudoir et soubrette;
Moi, je m'en passe, et quel joyeux émoi,

Lorsqu'admirant ma petite chambrette
Je dis : C'est peu ; mais ce peu n'est qu'à moi,
Pauvre, ma vie
Est sans envie,
Et, pour goûter mes humbles passe-temps,
Que de duchesses
De leurs richesses
Paîraient les fleurs de mes dix-huit printemps !

Aux passions qui causent tant d'alarmes,
Moi, je résiste et ne veux point penser :
L'amour, dit-on, fait répandre des larmes
Que le plaisir ne fait jamais verser.
Sans qu'il m'en coûte,
Mon cœur l'écoute;
C'est lui qui fait mes dimanches heureux.
Lui seul m'inspire,
Et mon empire
A moins d'amants qu'il ne voit d'amoureux.

Lorsque paraît l'aurore d'une fête,
Quittant d'un bond mon étroit horizon ;
J'ouvre mon aile agile et satisfaite,
Comme un oiseau qui fuit de sa prison,
A la campagne,
Vive compagne
D'un gai voisin qui suit mon gai chemin ;
De Rigolette
J'ai la toilette,
Et Cabrion qui succède à Germain.

Je vois sans trouble une robe superbe
Fendre l'espace en un landau hautain :
Car, pour s'ébattre aux bois, aux champs, sur l'herbe,
L'humble coton vaut mieux que le satin.

Je cours, je vole,
Leste et frivole,
Et quand le soir baisse son blond rideau,
J'aime à paraître
Au bal champêtre
Que ne vaut pas Mabile ou le Prado.

Quand le ciel gronde ou que la neige enchaîne
Mon vol lointain, mes jeux, ma liberté,
Pour me sourire en allégeant ma chaîne,
J'ai près de moi les amis de l'été.
Toujours folâtre,
D'un gai théâtre,
Je vais tantôt applaudir les succès,
Riante sphère
Que je préfère
A l'Odéon, au Gymnase, aux Français.

Tantôt chez moi, fidèle à ma devise,
Je donne un bal que nous-mêmes parons,
Fête de nuit qu'un caprice improvise,
Avec des fleurs, du cidre et des marrons!...
Mes amourettes
Chez les lorettes
Ont provoqué plus d'un rire moqueur;
Tout nous sépare;
Qu'on nous compare,
Je sais donner et non vendre mon cœur.

Voilà ma vie, elle n'a point d'entrave,
J'aime avant tout ma douce liberté;
Je suis mon maître en n'étant pas esclave,
Et sans vainqueur n'ayant jamais lutté.
Comme Lisette, etc. V. Drappier.

JAMAIS MON CŒUR NE CESSA DE T'AIMER

Air de *Mes vingt ans.*

Reine aux doux yeux, idole de ma vie,
Pourquoi ces pleurs qui voilent ta beauté?
Lorsqu'à tes lois mon âme est asservie,
Pourquoi tant craindre une infidélité?
Qu'au bonheur seul ta raison s'abandonne,
A tort ainsi cesse de t'alarmer;
Je n'eus jamais de plus sainte madone,
Jamais mon cœur ne cessa de t'aimer.

Crains-tu vraiment ces femmes ignorées
Qu'en un salon mes propos encensaient?
Peux-tu savoir... avec toi comparées,
Combien alors de beautés pâlissaient?
Si quelquefois je leur rendais hommage,
Si quelque belle a paru me charmer,
C'est qu'elle vint m'offrir ta douce image,
Jamais mon cœur ne cessa de t'aimer.

Jalouse encor... tu scrutes ma pensée,
Tu crains de perdre, il semble, un souvenir?
Toi dont la gloire, en ma fièvre insensée,
Se mêle à tous mes rêves d'avenir;
Quand du sommeil les grâcieux mensonges
De ton amour viennent me parfumer;
Tu fus toujours l'ange de mes beaux songes
Jamais mon cœur ne cessa de t'aimer.

Ma loyauté plaide aussi ma défense,
Crois-en mes vœux qui sont des vœux chrétiens;

Ai-je encouru le soupçon qui m'offense?
Lorsque toujours mes désirs sont les tiens.
Dois-je exciter ainsi ta jalousie
Quand ton regard suffit pour m'enflammer?
Tu m'as offert la coupe d'ambroisie,
Jamais mon cœur ne cessa de t'aimer. DURAND.

LES ANGES DE LA CHARITÉ

Air du *Rayon de soleil.*

Dans cette nuit de terreurs et d'alarmes,
Nous avons vu ce vaste embrasement;
Ces feux cruels, qui coûtent tant de larmes,
Ces désespoirs si grands en un moment...
Mais tout à coup, dans ce brûlant espace
Sont apparus des anges protecteurs...
Dieu met toujours, près du fléau qui passe, } *bis.*
La charité qui calme les douleurs. }

Combien peut-être en ces terribles heures,
Sans le secours de maints bras généreux,
Lorsque la mort embrasait leurs demeures
Seraient tombés, sauvés soudain par eux!...
Les dévoûments, sans révéler leur trace,
Sont âme et corps, dans de pareils malheurs...
Dieu met toujours, près du fléau qui passe,
La charité qui calme les douleurs.

Heureux ou non, au long cri qui s'élance,
Rapide écho, tout homme a répondu;
Le sou du pauvre à l'or de l'opulence,
Don fraternel, s'est bientôt confondu;
Les arts unis sont venus prendre place
Parmi les rangs d'appuis consolateurs...
Dieu met toujours, près du fléau qui passe,
La charité qui calme les douleurs.

Entendez-vous cette voix protectrice,
Infortunés que le sort fait martyrs ?
Le vent des nuits porte à l'Impératrice
L'appel mourant de vos derniers soupirs...
Son âme oppose au coup qui vous terrasse
Des mots divins qui sèchent bien des pleurs...
Dieu met toujours, près du fléau qui passe
La charité qui calme les douleurs.

Espérez donc, vous dont le deuil palpite
Phalange entière échappée au trépas ;
Et vous, enfants que l'enfer déshérite,
Ah ! que la foi soutienne encor vos pas.
De jour en jour, où l'orage s'efface
Un doux soleil peut ramener des fleurs...
Dieu met toujours, près du fléau qui passe,
La charité qui calme les douleurs. DURAND.

LES SEPT MERVEILLES DU MONDE

aroles de V. DRAPPIER. — Musique de A. MARQUERI

La musique se trouve chez Vieillot, éditeur, rue Notre-Dame de Nazareth, 32

Sœurs d'Apollon, qui remplissez nos veilles
De doux récits, de doctes entretiens,
Réveillez-vous au nom des sept merveilles
Que contemplait le monde des anciens !

Retracez nous leur image effacée,
Et nous pourrons peut-être, mieux instruits
Recomposer au moins par la pensée
Ces monuments que le temps a détruits....

C'est toi, saint phare d'Alexandrie
Ton haut fanal au foyer protecteur
A des écueils d'une mer en furie
Sauvé l'esquif de maint navigateur....

Sans que le flot te sape ou te corrode,
Dominateur des abîmes béants,

Je te contemple, ô colosse de Rhode,
Géant des mers taillé par des géants.

Je vois encor, sous un ciel plein d'étoiles,
La nef de guerre et l'antique vaisseau
Rentrer au port sans replier leurs voiles,
Entre tes pieds qui leur font un berceau.

Quand des fléaux l'aveugle frénésie
En te brisant, t'eut laissé sans abris,
On vit passer sur les ronces d'Asie
Neuf cents chameaux chargés de tes débris!

Hommage à vous, jardins de Babylone,
Murs qu'embaumaient mille odorants semis;
Remplis des noms que la gloire environne
De Ninias et de Sémiramis....

Au sein des fleurs, en tous temps parfumées,
Où l'Amour règne, où l'Ivresse s'endort,
L'écho redit les rondes des almées,
Dansant en chœur aux sons des sistres d'or!

Toujours debout sur vos sables arides,
Vous qu'à vos sœurs la renommée unit,
Quatre mille ans; ô vieilles pyramides!
Pèsent en vain sur vos fronts de granit....

Tombeaux des rois, ou divins réceptacles,
De leurs secrets vos antres sont jaloux...
Pas un écho ne sort de vos spectacles,
Livres fermés, nul ne peut lire en vous!

En regardant vos masses éternelles,
Vous attirez en vain l'œil curieux,
Car vous avez toujours pour sentinelles
Vos sphinx de pierre au sens mystérieux!

Vos grands sommets, incrustés dans l'histoire,
Ont vu jadis, domptés par les combats,

Napoléon, que guidait la victoire,
Vous désigner pour but à ses soldats.

O Jupiter ! j'admire ta statue
De marbre et d'or, dont-il ne reste, hélas !
Depuis longtemps dans la poudre abattue,
Que le grand nom du sculpteur Phidias !

Temple d'Ephèse, admirable merveille,
Où tout l'Olympe était représenté,
Ta cendre éparse en mon esprit réveille
Le nom du fou qui brûla ta beauté...

Ne pouvais-tu, Diane chasseresse,
Prendre avant l'heure où ton temple est tombé,
Dans ton carquois ta flèche vengeresse,
Ou bien t'armer du croissant de Phœbé ?

Autour de toi, soudain, divine Hécate,
Réunissant mille secours offerts,
Ne pouvais-tu foudroyer Erostrate,
Ou le plonger vivant dans les enfers ?

Quelle est là bas la reine désolée ?
C'est Artémise à l'amour immortel,
Qui, nuit et jour, auprès du mausolée
Va promener son chagrin éternel.

Quel monument ! quel chef-d'œuvre elle élève
Toujours fidèle aux mânes d'un époux,
Lorsqu'à ses pleurs le trépas seul l'enlève,
Femmes du jour, quel exemple pour vous !

Sœurs d'Apollon, qui remplissez mes veilles
De doux récits, de doctes entretiens,
Reveillez-vous au nom des sept merveilles
Que contemplait le monde des anciens...

LA POUDRE DE PERLINPINPIN

Musique nouvelle de A. MARQUERIE.

La Poudre de Perlinpinpin
Plaît au vieillard, au galopin ;
Le Champenois et l'Auverpin
La voudront voir; tant c'est rupin!
On voudra voir, tant c'est rupin,
La Poudre de Perlinpinpin.

Pièce immense!
Ça commence
Au milieu d'un beau palais
Où des valets
Trott'nt sans cesse ;
Un' princesse
Vient au monde au même instant,
V'lan!
Un esprit noir aux blanch's épaules
De cett' petite emport' le cœur.
Faudra l'aller r'prendre dans *les pôles*
Pour dev'nir plus tard son vainqueur.
La Poudre, etc.

Un jeune homme
Qu'on renomme,
Du mendiant Perlinpinpin,
Un vieux clampin,
R'çoit un' poudre
Qu'il saupoudre
Pour fair' plus d'un p'tit mic-mac
Crac!
L'objet d' la bell', vient-il d'apprendre,
R'pos' dans un vas'... cruel ennui!

Je pars de jour, dit-il, le r'prendre,
Et j' rapp'rt'rai *le vas'... de nuit!*
La Poudre, etc.

Le beau-père
Dans ce r'paire
Veut suivr' son gendr' prétendu,
C'est entendu!
Un navire
Qui chavire
Emmèn' l'amant et le roi
Droit.
Mais, ballottés par un' tempête,
Ils gagn'nt les côt's, ce que moi j' f'rais.
Or, le vaisseau sus c' coup *d' temps pette,*
Voilà nos homm's dans le *port frais.*
La Poudre, etc.

De c'tte rive
On arrive
Dans un lieu dont les glaçons
Donn'nt des frissons.
C't endroit r'cèle
L' cœur de celle
Qui n' devait le r'voir jamais;
Mais
A pein' de r'tour à la consigne,
La fille a-t-ell' repris son bien
Que l' traître en vrai *dind'* fait un *signe,*
Notr' jeun' premier n' posséd' plus rien.
La Poudre, etc.

La fillette
Gentillette
Va r'cherchant d' son fiancé
L'objet pincé.
Comm' ça s' trouve
Ell' le r'trouve

Et l' rend à son amoureux
Creux.
Accourt maint diable armé d' cimeterre,
Mais la bonn' fée a des écus ;
Dix-neuf démons roul'nt sur la terre,
Avec leur chef ils sont *vaincus*.
La Poudre, etc. Hippolyte Demanet.

PREMIER AMOUR

Air : du *Cheveu blanc*.

Lise, à quinze ans, vous êtes demoiselle,
Votre regard devient plus langoureux,
Bientôt chacun va déployer son zèle
Pour vous glisser des propos amoureux ;
Or, sur ce point plus le trouble s'augmente,
Plus d'un flatteur d'un langage est chéri ;
Toute voix plaît qui vous prône charmante !...
Vous comprenez ; Lise, vous avez ri !

Quand vous aviez, bien que douce et gentille,
Ces simples goûts qu'à votre âge on défend,
Malgré l'ardeur qui dans vos yeux pétille,
Pour nous alors vous n'étiez qu'une enfant ;
Mais de vos jours quand l'horizon se dore,
Quand vos attraits sont ceux d'une péri ;
Quelqu'un est là, tout près, qui vous adore
Vous comprenez ; Lise, vous avez ri!

Toujours aussi d'une aimable innocente
L'âme perçoit un certain mouvement,
Aux frais dehors de sa candeur naissante
Vient se mêler un secret sentiment ;
L'illusion, fantasque girandole,
Lui laisse voir les ombres d'un mari :
Dans chaque humain elle rêve une idole
Vous comprenez ; Lise, vous avez ri !

Or, aujourd'hui que ce trait de lumière
Pénètre en vous par son noble côté,
Lorsqu'au bonheur souriant la première
Votre espoir s'ouvre à la félicité,
Pourquoi dès lors ne pas suivre à la lettre
Ce conseil pur que mon cœur a nourri ?
Faire un heureux, c'est vouloir aussi l'être,
Vous acceptez ; Lise, vous avez ri ! DEMANET.

L'ORPHELIN ET LE PASTEUR

Air : *la Bohémienne en a menti.*

Un soir par un froid rigoureux,
Un jeune enfant, la voix cassée,
Disait : tendant sa main glacée:
Bons passants, soyez généreux!
Il murmurait dans sa prière :
Si vous avez le cœur humain,
Donnez pour ma bonne grand'-mère
Elle meurt de froid et de faim !

La mort fit tomber sous ses coups
Mon bon et respectable père;
Un mois après, cette mégère
Réunissait les deux époux :
Depuis ce jour, douleur amère !
Il m'a fallu tendre la main.
Donnez pour ma bonne grand'-mère,
Elle meurt de froid et de faim!

Nos créanciers voulant leur dû,
Sans nul égard pour mon jeune âge,
Fondirent sur notre ménage;
Ces méchants hommes l'ont vendu!
Depuis ce jour, douleur amère !
Il me fallut tendre la main.
Donnez pour ma bonne grand' mère,
Elle meurt de froid et de faim!

On fuyait l'enfant du malheur
Qui, presque nu, couvert de neige,
S'était fait d'une borne un siége ;
Lorsqu'à lui vint un bon pasteur :
Pauvre petit, votre misère
Touche, lui dit-il à sa fin;
Conduis-moi près de ta grand'-mère,
Vous n'aurez plus ni froid ni faim !

L'enfant, ranimé par ces mots,
Le guide alors vers sa demeure,
Balbutiant : ah ! voici l'heure
Où vont disparaître nos maux !
Béni soit l'ange tutélaire
Que Dieu plaça sur mon chemin!
Réveille-toi, bonne grand'-mère,
Nous n'aurons plus ni froid ni faim !

Sois moins joyeux, dit le vieillard
A l'enfant qui rit et sautille,
Hélas ! tu n'as plus de famille;
Dieu vers vous m'envoya trop tard !
Il t'a, dans sa sainte colère,
Préparé ce nouveau chagrin;
Oh ! prions-le pour ta grand'-mère,
Elle n'a plus ni froid ni faim !

Désiré ROGER.

JE VEUX VOUS AIMER MALGRÉ VOUS

Air du *Cheveu blanc.*

Oui, je le sais; en vain ma voix tremblante
S'est entr'ouverte à d'imprudents aveux ;
De votre accueil la froideur accablante,
De jour en jour a repoussé mes vœux ;
En vain, pourtant j'exilerai ma flamme
Loin de vos yeux pour moi pleins de courroux ;

Ces yeux, toujours, brilleront dans mon âme ;
Je veux, je veux, vous aimer malgré vous !

Je veux aimer vos grâces merveilleuses,
Vos traits charmants, vos sarcasmes soudains ;
Lorsque je sors, vos paroles joyeuses,
Quand j'apparais, vos écrasants dédains ;
Mon cœur brisé se plait dans votre chaine;
De vos mépris il a béni les coups.
L'Amour souvent a désarmé la haine...
Je veux, je veux vous aimer malgré vous

Oui, vous avez le droit de m'interdire
Le seuil béni de vos heureux séjours ;
Oui, vous pouvez m'empêcher de vous dire
Que je vous aime et souffrirai toujours;
Mais quand l'Amour dans mon âme insensée
Verse un poison qui me semble si doux,
Vous n'avez pas de droits sur ma pensée...
Je veux, je veux vous aimer malgré vous !

Vous l'avez dit ! vous serez inflexible;
J'ai lu mon sort dans ce rire moqueur.
Eh bien ! mon Dieu, s'il nous est impossible,
Moi, de fermer, vous, d'accepter mon cœur,
Suivons tous deux cette route contraire,
Mon rôle ingrat fera peu de jaloux...
Je puis mourir, mais je dois vous distraire,
Je veux, je veux vous aimer malgré vous !

Victor Drappier.

BERTHE LA FILEUSE

Air : de *la Soie*, de Pierre Dupont.

Quand votre main miraculeuse
Sème le mil pour chaque oiseau,
Seigneur, songez à la fileuse,
Donnez du lin à son fuseau.

Sans trouver l'existence amère,
Pauvre fille, en ce froid séjour,
Par mon travail, j'aide ma mère
Qui ne voit plus briller le jour;
Mais à l'œuvre en vain je m'efforce!
Faites, mon Dieu, pour m'animer,
Que mes bras aient autant de force
Que mon cœur en a pour aimer.
Quand, etc.

Du hameau les filles puînées,
Qui vont fêtant d'heureux loisirs,
Semblent parfois bien étonnées
De mon absence à leurs plaisirs;
Tandis que mainte jouvencelle
Folâtre auprès d'un jouvenceau,
Ne dois je pas veiller sur celle
Qui m'a veillée à mon berceau.
Quand, etc.

Ma prière est presque entendue,
Et je pêche à trop demander,
Car bientôt dans ma tâche ardue
Jean, mon promis, viendra m'aider;
Si mon rouet alors ne chôme,
Tous trois vivant avec bonneur,
La paix régnera sous le chaume:
Le travail conduit au bonheur.
Quand, etc. Hippolyte DEMANET.

LA PRIÈRE DES NAUFRAGÉS

Air: *Où vas-tu, petit oiseau?*

Regarde l'esquif que ballotte
Le terrible océan du nord;
Il n'a ni voile ni pilote,
L'orage le mène à la mort.
Les autans du fouet de leurs ailes
Le poussent, hélas! presque nu,

Aux solitudes éternelles
D'où nul n'est jamais revenu...

Si tu ne veux pas qu'il succombe,
Reçois, mon Dieu ! ses vœux touchants !
Et, sauve l'orphelin qui tombe,
Des tempêtes et des méchants !

L'esquif s'est brisé tout à l'heure
Aux écueils qui l'ont enlacé ;
Rejetant un enfant qui pleure
Sur ce promontoire glacé ;
Il prie, il appelle sa mère
Que la vague a prise en chemin,
Et, dans son agonie amère,
Il pense la revoir demain !
Si tu ne veux pas, etc.

Il tremble, et rien ne le protége ;
La mort va bientôt triompher ;
Pas un brin d'herbe sous la neige !
Pas de bois pour le réchauffer !
Il cherche en vain ; il prie encore,
Car il sent, l'enfant effrayé,
Qu'à défaut du flot qui dévore
Le froid le tûra sans pitié !...
Si tu ne veux pas, etc.

Il va mourir... mais, dans l'espace
Des cris répondent à sa voix...
C'est là-bas un vaisseau qui passe
Avec le pavillon danois...
On a recueilli la victime
Qu'à la mort Dieu veut dérober,
Afin qu'un jour dans son abîme
Son bourreau seul puisse tomber !

Non, tu ne veux pas qu'il succombe ;
Mon Dieu, grâce à ses vœux touchants,
Tu sauves l'orphelin qui tombe,
Des tempêtes et des méchants ! DURAND.

TROIS AMOURS DE LA VIE

Air du *Rayon de soleil.*

C'est à vingt ans, quand la vie est joyeuse,
Quand tout sourit d'espérance et d'amour,
Vers l'avenir troupe mystérieuse
Sylphes charmants voltigent tour-à-tour ;
D'illusions que l'ivresse prolonge
Tout nous promet le séduisant concours ;
N'en devrait-il, hélas, rester qu'un songe,
Pour être heureux, sachons aimer toujours.

Mais du plaisir s'effeuille la couronne,
Fragiles fleurs qui ne brilleront plus ;
Dans notre ciel une étoile rayonne,
En la fixant nos yeux se sont émus ;
Sous les rayons signalant son passage,
S'est refermé le livre des Amours;
De l'amitié nous épelons la page,
Pour être heureux, sachons aimer toujours.

Pâles reflets d'une brillante flamme,
Nous sommes las; mais souriant encor,
Le froid des ans n'a pas glacé notre âme;
Elle s'élève en un nouvel essor
De nos enfants une simple caresse,
Du temps passé remplace les beaux jours,
Nous n'avons fait que changer de tendresse ;
Pour être heureux, sachons aimer toujours.

Maurice Patez.

DÉSILLUSION

Air de *la Nostalgie.*

Moi, t'inspirer une sincère flamme !
Moi, chère enfant, caresser cette erreur !

Non ; l'aurais-tu juré du fond de l'âme,
Un tel serment abuserait ton cœur.
Dans cette glace admire donc toi-même,
Tes noirs cheveux, ton front au pur contour ;
Le mien, hélas ! ne permet plus qu'on m'aime ;
Les cheveux blancs font envoler l'Amour.

Quand les frimas déchaînent leur furie,
Lorsque le givre, aux fleurettes fatal,
D'un voile blanc recouvre la prairie,
Le tourtereau s'envole au nid natal.
Longtemps aussi gronde au cœur la tempête
Les passions le brisent nuit et jour ;
Puis, quand les ans neigent sur notre tête,
Les cheveux blancs font envoler l'Amour.

Comme un parfum de fraîche violette,
Cœur de quinze ans exhale sa langueur ;
Rose d'été, la femme plus complète,
Prête à l'amour sa pénétrante ardeur.
Mais, fleur d'hiver, la triste chrysanthème
Tout bas murmure, abdique sans retour,
Vieillard aimant, n'espère plus qu'on t'aime ;
Les cheveux blancs font envoler l'Amour.

Mme Ernestine RABINEAU.

L'INFIDÈLE

Air : *Fleur de l'âme.*

Non, je ne veux plus croire à sa douce parole
A ses tendres regards, à ses serments trompeurs,
Il ne m'aima qu'un jour et son amour frivole,
Comme le papillon, caresse mille fleurs.

Et vous, rêve si beau de mon âme charmée
Vous ne m'aviez pas dit qu'il devait me trahir ;
Adieu, volez vers lui, je ne suis plus aimée
Apprenez à l'ingrat que Rose va mourir.

Un soir, il m'en souvient, alors j'étais heureuse,
Ses yeux fixaient mes yeux, sa main pressait ma main.
Il me disait : je t'aime ; et sa voix amoureuse
A Lise le disait aussi le lendemain.
Et vous, etc.

Mourir, oh! pas encor, pour une fleur flétrie
Faut-il briser l'arbuste et douter du Seigneur ?
La coupe du bonheur n'est pas encor tarie,
Il ne fut qu'infidèle et m'a gardé son cœur.

Et vous, rêve si beau de mon âme charmée
Vous ne m'aviez pas dit qu'il devait me trahir;
Ne vous envolez pas ; je suis toujours aimée,
C'est de joie et d'amour que Rose veut mourir.

MARISSIÉ.

LE PAUVRE IDIOT

Air des *Rayons de soleil.*

Loin du soleil, sous des voûtes humides,
Pendant seize ans, pauvre enfant, tu gémis!
Victime, hélas! de projets homicides,
Et libre enfin, malgré tes ennemis!
Quand tu mourais, le bras qui te ranime
Fera demain trembler tes oppresseurs...
Car à tous ceux que le méchant opprime
Dieu, tôt ou tard, sait donner des vengeurs!

Chassant bientôt ton ignorance amère
En toi surgit un doux nom retrouvé ;
Ton premier cri redemande une mère
Au dévouement de ceux qui t'ont sauvé ;
Ta mère, enfant, fut aussi la victime
De tes bourreaux aux sanglantes fureurs...
Mais à tous ceux que le méchant opprime
Dieu, tôt ou tard, sait donner des vengeurs !

Prends garde enfant, prends garde à cette femme
Qui tout à coup te prend en amitié ;
Son cœur est faux ; l'enfer est dans son âme ;
N'attends demain ni grâce ni pitié...

A son orgueil, sa haine illégitime,
Ta mère et toi devez tous vos malheurs ;
Mais à tous ceux que le méchant opprime
Dieu, tôt ou tard, sait donner des vengeurs !

C'est qu'elle sait que ta mère est vivante,
Ta mère, enfant, que tu ne connais pas :
Et qu'un mot d'elle a rempli d'épouvante
Tes ennemis qui surveillent vos pas...
Déjà leur voix, déjà leur rage intime
Te font haïr la pauvre femme en pleurs...
Mais à tous ceux que le méchant opprime
Dieu, tôt ou tard, sait donner des vengeurs.

Elle a subi la plus cruelle épreuve ;
Tu méconnais ses cris, et, l'arme en main,
Ton désespoir veut lui ravir la preuve
Du crime affreux qui t'a fait orphelin...
Fermant ton âme à son effroi sublime,
On met par toi le comble à ses douleurs...
Mais à tous ceux que le méchant opprime
Dieu, tôt ou tard, sait donner des vengeurs !

En la sauvant, tu reconnais ta mère ;
Ton bonheur peut commencer d'aujourd'hui;
Mais, pauvre enfant, il doit être éphémère,
Brisé, mourant, son dernier jour a lui...
Tes yeux éteints ont vu punir le crime ;
Tes ennemis sont frappés si tu meurs...
Car à tous ceux que le méchant opprime
Dieu, tôt ou tard, sait donner des vengeurs !

DURAND.

CHAQUE JOUR AMÈNE SON PAIN

Air : *Petit papillon azuré.*

Dieu nous a donné l'existence,
Il faut savoir la parcourir;
Sous le chaume et dans l'opulence,
On a des devoirs à remplir.
On apprend, sans cesse, à tout âge,
La vie est un rude chemin;

Quand on possède du courage,
Chaque jour amène son pain.

L'orgueil, la grandeur, la richesse
Ne donnent pas le vrai bonheur;
Le devoir bien rempli seul laisse
Le plaisir pur, la joie au cœur.
On peut être, dans l'existence,
Riche aujourd'hui, pauvre demain...
Quand on travaille avec constance,
Chaque jour amène son pain.

Ne tombons jamais dans l'abime
Que le vice ouvre sous nos pas.
La vertu, la vertu sublime
Est le bien du pauvre ici-bas.
Subissons tous les sacrifices
Que nous impose le destin !
Quand on sait résister aux vices,
Chaque jour amène son pain.

Infortunés, vous, dont la vie
Est une chaîne de douleurs,
Aux grands ne portez pas envie ;
Le palais voit aussi des pleurs.
N'insultez pas la Providence!
Prenez un meilleur lendemain :
Quand on conserve l'espérance,
Chaque jour amène son pain. DEVAUX.

L'ÉTOILE DU MARIN

Air : *Ah ! dis-moi, douce Marie.*

Brille, brille, pauvre étoile
Qu'aucun nuage ne voile,
En argentant chaque voile,
Du beau brick *le Pèlerin* ;

Dans la brume (*Bis.*)
Ton astre éclatant s'allume,
Brille, brille
Et scintille,
Pauvre étoile du marin.

N'es-tu pas, astre éphémère,
L'âme de ma pauvre mère
Qui, pressentant le danger,
Brille pour me protéger ?
Brille, etc.

N'es-tu pas la messagère
De ma bonne ménagère,
Qui m'envoie avec espoir
Son tendre baiser du soir?
Brille, etc.

N'es-tu donc pas l'âme errante
De ma fille qui, mourante,
Me jette un dernier adieu
Et pour moi va prier Dieu ?
Brille, etc.

Allons, essuyons nos larmes,
On vient de crier : Aux armes!
Car un corsaire est là-bas,
Aux armes, grand branle-bas!
Brille, etc.

Des entrailles du *Pirate*
Un boulet part, siffle, éclate;
Sur *le Pèlerin* descend...
Pierre tombe dans son sang!...

Puis soudain la pauvre étoile,
Sous un nuage se voile,
Abandonnant chaque voile,
Du beau brick *le Pèlerin* :
Sa lumière (*Bis*).

S'éteint et meurt comme Pierre !
Et, docile,
Elle file
Avec l'âme du marin !...

G. Leroy.

MARGUERITE

Air : *Loin de sa mère.*

Gentils enfants, partez, voici l'orage,
La foudre au loin retentit dans les airs ;
Gentils enfants, regagnez le village,
Sur vos fronts purs scintillent mille éclairs ;
Ainsi parlait la vieille Marguerite,
Réunissant l'insouciant troupeau ;
Elle ajoutait : fuyez, fuyez bien vite,
Gentils enfants, retournez au hameau.

Gentils enfants, regardez ce vieux chêne,
Là, dans son creux, mon bon petit Henri,
Imprudemment, blottit sa sœur Hélène,
Croyant en lui trouver un sûr abri ;
Mais le bon Dieu sur eux lança la foudre
Qui d'un abri vint leur faire un tombeau !
Je les revis anéantis, en poudre,
Gentils enfants, retournez au hameau.

Gentils enfants, le matin même encore
Il me disait, apercevant mes pleurs :
Si, bonne mère, un chagrin te dévore,
Bientôt, pour toi, luiront des jours meilleurs,
Qu'en ce moment ils me semblaient sublimes !
Mais un fond noir ombrageait ce tableau ;
L'être suprême y marquait deux victimes,
Gentils enfants, retournez au hameau.

Gentils enfants, aimez bien votre mère,
Elle a pour vous tant de soins et d'amour ;

Priez pour elle, enfants, votre prière
Monte tout droit au céleste séjour.
Consolez-la jusqu'à sa dernière heure;
Sécher les pleurs d'une mère est si beau!
Pour que la joie habite sa demeure;
Gentils enfants, retournez au hameau.

Désiré ROGER.

CONSEILS A UNE AMIE

Air des *Rayons de soleil.*

Pardonne-moi d'analyser ta vie,
Bas, entre nous je compte tes amants;
Ils t'ont perdue au souffle de l'Envie,
Ils t'ont promis bijoux et diamants.
De ton honneur ils ont été les guides
En te poussant au chemin de l'erreur :
Tu vieilliras, tes yeux seront humides,
Prends, pauvre amie, un appui dans mon cœur.

Tu vieilliras, que ce conseil te touche,
Que la raison dessille tes beaux yeux;
Que de baisers s'éteindront sur ta bouche,
O toi qui fis des ingrats, des heureux!
Ton jeune front se chargera de rides,
D'amers regrets causeront ta douleur;
Tu vieilliras, tes yeux seront humides,
Prends, pauvre amie, un appui dans mon cœur.

Tu vieilliras! où seront donc ces fêtes,
Ces bals charmants aux amours consacrés?
Ces belles fleurs et ces filles coquettes
Sont un poison dans des vases dorés;
Il en est temps, fuis ces chemins perfides,
Dérobe toi même au souris moqueur :
Tu vieilliras, tes yeux seront humides,
Prends, pauvre amie, un appui dans mon cœur.

Tu vieilliras, tu ne seras plus belle!
Fouillant alors tes songes amoureux,
Tu verras trop, pauvre amante infidèle,
Qu'un repentir est toujours douloureux!
Ces jeunes gens, de voluptés avides,
Sont presque tous sourds au cri du malheur:
Tu vieilliras, tes yeux seront humides,
Prends, pauvre amie, un appui dans mon cœur

Tu vieilliras, et tu verras l'abîme
Où te plongeaient de farouches amours.
Que feras-tu, dis-moi, faible victime,
Quand la vieillesse aura fané tes jours?
Las! tu diras à des vierges timides
Que tes amours ont détruit ton bonheur:
Tu vieilliras, tes yeux seront humides,
Prends, pauvre amie, un appui dans mon cœur.

Alexandre PISTER.

ENDORMEZ-VOUS, PETITS ENFANTS

Air de *la Rose des Champs.*

Qu'il fait froid dans cette demeure!
Du nord souffle le vent glacé;
Enfants, du repos voici l'heure,
Au loin l'airain s'est balancé:
Seule, je dois tenir encore
L'aiguille dans mes doigts tremblants,
Souvent je vois lever l'aurore,
Endormez-vous, petits enfants.

Trop tôt s'endormit votre père
Dans les bras du dernier sommeil,
Et, de sa vie ombre éphémère
Vous fûtes le plus beau soleil:

L'hiver exile de sa tombe
Les fleurs, compagnes du printemps,
Le ciel est noir, la neige tombe,
Endormez-vous, petits enfants.

Le vent souffle, et, perdu dans l'âtre,
S'est éteint le dernier tison.
Enfants, votre gaîté folâtre
Brave le froid de la saison.
Dieu, dans sa bonté tutélaire,
De fleurs couvre vos jeunes ans ;
Mais il est tard... sachez-vous taire,
Endormez-vous, petits enfants.

Enfants, malgré votre indigence,
Vos jours ici passent joyeux,
Les vains attraits de l'opulence
Dessèchent le cœur et les yeux,
Avec la fée aux ailes blanches
Qui nous ramène le beau temps
Reviendront les joyeux dimanches ;
Endormez-vous, petits enfants.

Abaissez-vous, têtes mutines,
Sur votre oreiller de satin,
Paix à vos rondes enfantines,
Enfants, dormez jusqu'à demain.
D'un concert de douces louanges
Au ciel expirent les accents,
C'est l'heure où s'endorment les anges !
Endormez-vous, petits enfants.

Maurice PATEZ.

L'AMOUREUX DE JACQUELINE

Air du *Mariage de François l'Eveillé.*

Pour moi quel bonheur, j' suis t'y content,
J'épous'rai Jacqu'line !
Quell' femme divine,

Pour moi quel bonheur, j' suis t'y content,
Je n' s'rai pas grondé d' papa, d' maman.

V'là qu' j'ai vingt ans, j' crois que j' suis un homme
Chacun me le dit dans tout le pays.
Quand je s'rai marié, il faudra voir comme
Ça s'ra moi l' meilleur de tous les maris.

Pour moi, etc.

N'y a point comm' nous deux cents lieu's à la ronde
Nous somm's renommés pour notre beauté!
Lorsque nous passons s'arrête tout l' monde
Ils se mett'nt à rire ; j'en somm's enchanté.

Pour moi, etc.

C'est vrai qu' nous avons deux joli's figures ;
Ma future est borgn', moi, je suis bancal.
C'est, nous a-t-on dit, des dons d' la nature ;
Puis, je suis calorgne, ça n' me va pas mal.

Pour moi, etc.

J' suis tortu, bossu, chaqu' fille m'admire
Jacqu'line est grêlé' ; sa bouche est d' travers,
Quel bel avaloir ! je l' dis sans médire,
Dans un jour ell' boit plus d' trent' petits verres.

Pour moi, etc.

Faut voir sa toilette, comme elle est pimpante !
Vraiment, l'on dirait un vrai mardi-gras,
Quand j' lui fais la cour, Dieu ! qu'elle est charmante !
Je n' suis pas dans l' cas d' trouver ses appas.

Pour moi, etc.

De tout le canton c'est la meilleur' femme,
Car elle est bavarde, menteuse et grognon ;
Je n' la chang'rais point, j' vous l' jur' sur mon âme!
Quand on m'en donn'rait vingt-huit au quart'ron.

Pour moi, etc. F. E. Pecquet.

MON AME

Air de *l'Amour d'un roi.*

Mon âme court en son instinct rapide
Vers les sentiers ardus et tortueux.
Quel bras m'enchaîne et quel flambeau me guide?
La vérité se dérobe à mes yeux!
Quoi, la raison me prive de lumière!
L'instinct toujours me conduit à l'erreur,
A chaque pas, mon pied heurte une pierre,
Mon âme court au-devant du malheur.

J'avais vingt ans, les voûtes éternelles
Laissaient tomber un ange gracieux,
L'ange sur moi vint reposer ses ailes,
Et repartit en volant vers les cieux!
Il est parti... son âme blanche ignore
Que tous mes maux je les dois à son cœur;
Ange aux yeux noirs, viens, je te cherche encore;
Mon âme court au-devant du malheur.

De l'art des vers mon âme est idolâtre,
Talent, savoir, ne me sont point offerts;
Gilbert, Moreau, Chatterton, Malfilâtre,
Je sais les maux que vous avez soufferts!
Vos vers brûlants ont égaré ma tête,
Et, rejetant mon ciseau de sculpteur,
Fou, j'ai voulu qu'on me nommât poëte!
Mon âme court au-devant du malheur.

Faible insensé, je croyais à tes charmes,
Sexe charmant, qui me trompais toujours,
Ta main, souvent, loin d'essuyer mes larmes,
Livrait mon cœur aux flèches des Amours.
J'ai dans l'Aï cherché la douce ivresse,
Je n'ai trouvé que mépris et douleur!
Illusion, encore une caresse,
Mon âme court au-devant du malheur.

Alexandre PISTER.

BAISERS D'ADIEUX

Paroles de A. HALBERT (d'Angers). — Musique de A. MARQUERIE.

La musique se trouve chez Vieillot, éditeur, rue Notre-Dame de Nazareth, 32.

Elle n'est plus, celle que mon cœur aime,
Ah ! c'est un rêve, en croirai-je mes yeux ?
Lisons encor, lisons ! douleur extrême !
Elle a franchi le seuil mystérieux !
Toi qui m'écris, ne crains pas que j'oublie
Que ton message est un culte pieux !
Ah ! prions Dieu de la rendre à la vie, } *bis.*
Car je lui dois de doux baisers d'adieux. }

J'étais bien loin quand sa morne prunelle,
En me cherchant, se voila pour toujours.
Faut-il mourir, quand on est jeune et belle ?
Serment d'aimer promet de si beaux jours.
A mon bonheur portiez-vous donc envie,
Dieu qui si tôt la rappelez aux cieux ?
Ah ! rendez-la pour une heure à la vie,
Car je lui dois de doux baisers d'adieux.

Son dernier mot qu'étouffa l'agonie
Ce fut mon nom ! ah ! qu'elle dut souffrir !
A son chevet pas une voix amie
Ne vint lui dire : Espère, il peut venir.
Comme une fleur sur sa tige flétrie,
Elle courba son front silencieux !
Ah ! rendez-la pour une heure à la vie,
Car je lui dois de doux baisers d'adieux.

Il est donc vrai qu'ici-bas tout succombe,
Que le néant est notre bien commun ;
Que, nous traînant des langes à la tombe,
Le destin fait une part à chacun.

Vous dont on dit la clémence infinie,
Mon Dieu, soyez miséricordieux !
Ah ! rendez-la pour une heure à la vie,
Car je lui dois de doux baisers d'adieux.

UNE ROSIÈRE CHAMPÊTRE

Air du *Petit Bouton d'or.*

Rêvant naïve bergère,
Un jour de printemps,
Pour trouver une rosière,
Je courus les champs;
Enfin, je vis sous un hêtre,
Au pied d'un côteau,
Une beauté fort champêtre
Gardant son troupeau. } *bis.*

Tiens, lui dis-je : bergerette,
Douce fleur des champs,
Pour décorer ta houlette
Voici des rubans ;
—A d'autr's contez vos fleurettes,
Je n' somm's point un' fleur :
Tachez donc d' mettr' vos lunettes,
Monsieur l'enjôleur.

—Laisse-moi, tendre sylphide,
Poser en passant
Dessus ta paupière humide
Un baiser brûlant;
—Si vous brûlez j' vous déclare,
Si c'est votr' désir,
Qu'à deux pas j'avons un' mare
Pour vous rafraîchir.

—Vers le temple de Cythère
Pour guider tes pas,
L'Amour vient t'offrir, ma chère,
L'appui de mon bras.

—Gardez vos jambes pour d'autres,
J' n'ons pas b'soin d' pâtun;
Mon chien pourrait mord' les vôtres,
C' qui n' vous s'rait pas bon.

—Que j'aime ton doux sourire,
Ton air de candeur!
Ton charme enivrant inspire
Ma verve et mon cœur.
—Je n' sais pas ce que j'inspire,
Mais je sais que vous m' contez
Des chos's qui n' m' font point rire,
Et qu' vous m'embêtez.

—Ah! si c'est là le langage
Que tiennent toujours
Les fillettes de village,
Dans nos alentours;
Fi de ses beautés champêtres
Aimé's des badauds!
Elles peuvent aller paître
Avec leurs troupeaux. P. E. B. V.

LA FILLE A MA TANTE

Air de *la Fille à Jérôme.*

Mon Dieu! mon Dieu! que j' suis content,
La fille à ma tante,
J' l'épouse et j' m'en vante;
Mon Dieu! mon Dieu! que j' suis content,
La fille à ma tante,
J' l'aim' tant, j' l'aime tant!
J'aim' pour tout d' bon ma cousine Hildegonde.
J'aim' ses yeux bleus, son teint blanc, ses ch'veux roux,
Ces trois couleurs ont fait le tour du monde,
J'ai l' cœur français, ça m'met tout sens sus d'sous.
Mon Dieu! etc.

Oui, ma future en tout point m'intéresse,
Son bonheur est d' fourrer son nez partout;
Et moi qui suis d'une extrême paresse,
Ça fait qu'alors je n' frai plus rien du tout.
Mon Dieu ! etc.

A son idée elle mèn'ra la barque,
J' l'épous' demain, j' suis heureux pour longtemps;
J' vais êtr' cent fois plus heureux qu'un monarque,
J' n'aurai mêm' rien à fair' pour les enfants.
Mon Dieu ! etc.

Son père était le tambour du village,
Ce gaillard-là peut dir' qu'il fit grand bruit;
Comme Hildegonde est loin d'être sauvage,
D'elle on s'occupe et le jour et la nuit.
Mon Dieu ! etc.

Dès qu'un dépit lui tracasse la tête,
Ell' brise tout : meubles, verres et plats;
Si j' dis un mot, ell' m'appell' grande bête,
C'est d'amitié, j'en ris et n' m'en fâch' pas.
Mon Dieu ! etc.

Nous somm's conv'nus que j' l'appell'rai notr' femm',
Car ell' prétend qu' la bienséance veut ça;
Moi qui n' frais rien pour encourir un blâme,
J' souscris à c' vœu qu' son amour me traça.
Mon Dieu ! etc,

HALBERT (d'Angers).

A M. VIEILLOT.

LE CLAIR DE LUNE

Air du *Rayon de Soleil.*

Quand le printemps étale ses richesses
Près des sentiers où gaîment nous passons,
Le rossignol, sur des airs d'allégresses,
Chante aux échos ses naïves chansons.

Lorsque tout dort, sur la route commune,
Les amoureux échappent au sommeil;
Ah!
Amants heureux, pour vous le clair de lune } bis.
A plus de prix qu'un rayon de soleil. }

La fleur des bois à la blanche rosée
Ouvre son cœur quand apparaît le jour;
Puis, vers le soir, sur sa lèvre rosée,
Le frais zéphyr souffle un rayon d'amour.
Qu'une beauté soit rousse, blonde ou brune,
Le même sort l'attend à son réveil;
Ah!
Amants heureux, pour vous le clair de lune
A plus de prix qu'un rayon de soleil.

Dans les palais où la gaîté se voile,
Un rameau d'or ombrage chaque nid;
Quand le berger voit briller son étoile
Il prend pour trône un sofa de granit;
La pauvreté, la grandeur, la fortune,
Dans leurs plaisirs ont un bonheur pareil.
Ah!
Amants heureux, pour vous le clair de lune
A plus de prix qu'un rayon de soleil. MOURET.

DEMOISELLE ET GRISETTE

Paroles d'Auguste JOLLY. — Musique de A. MARQUERIE.

Chanté par GOZORA

Aux Concerts de la Salle Martel.

La musique se trouve chez Vieillot, éditeur, rue Notre-Dame de Nazareth, 32.

Pauvre fille du peuple, heureuse en ta misère,
D'un rêve ambitieux pourquoi troubler ton cœur?

N'as-tu pas la jeunesse et mon amour sincère ?
N'es-tu pas libre, enfant ; n'as-tu pas le bonheur ?
La riche demoiselle à qui tu fais envie
Sous ses brillants atours cache un cœur opprimé : (*bis.*)
On lui défend l'amour ; et l'amour, c'est la vie !.. }
Plains-la, son cœur est tendre et n'a jamais aimé ! } *bis.*

Quand, de tes premiers pleurs habile ménagère,
Ta mère, entre ses bras, t'abritait nuit et jour ;
Elle, enfant oubliée aux mains d'une étrangère,
Ignorait de sa mère et les soins et l'amour !...
Joyeuse en ta mansarde, on t'aima, pauvre fille,
Triste dans l'opulence où tout cœur bat fermé :
Elle fut orpheline au sein de sa famille...
Plains-la, son cœur est tendre et n'a jamais aimé !

Plus tard lorsque, rêveuse et tremblante à la brune,
Tu courais, jeune fille, à notre rendez-vous :
Elle, esclave attachée aux fers de sa fortune,
Jeune aussi, sans espoir, attendait un époux.
Longtemps on marchanda sa beauté virginale...
Aux ordres paternels son cœur s'est conformé ;
L'indifférence ouvrit la couche nuptiale !...
Plains-la, son cœur est tendre et n'a jamais aimé !

Toi qui, sans artifice à mes yeux toujours belle,
De ton plus doux regard sais l'embellir encor ;
Laisse-lui, — son époux est si froid auprès d'elle,
Ces bijoux que tu crois faits de perles et d'or.
En vain l'éclat du luxe, ajoutant à ses charmes,
Orne sur son front pâle un bandeau parfumé ;
Ces anneaux sont de fer, ces perles sont de larmes !...
Plains-la, son cœur est tendre et n'a jamais aimé !...

MES VINGT ANS

Air des *Vingt ans* (de M. Tréfeu).

J'ai mes vingt ans, on dit que je suis homme
Et chaque jour j'entends autour de moi :
Dieu qu'il est bien ! quel séduisant jeune homme !

Ces compliments me causent de l'émoi;
De mots si doux, mon âme en est ravie,
Présage heureux des plaisirs séduisants!
Pour boire, aimer et jouir de la vie,
Qu'on est heureux, heureux d'avoir vingt ans!

Jeunes beautés, je vous trouve charmantes,
Pour vous déjà je suis épris d'amour,
Si par bonté vous vous montrez aimantes,
Mon cœur saura vous payer de retour,
Dans vos amours si vous êtes fidèles,
Je vous promets un cœur des plus constants.
Ah! pour tromper et courtiser les belles,
Qu'on est heureux, heureux d'avoir vingt ans!

Pour nous le temps fuit à chaque seconde,
Hélas! vingt ans ne durent pas toujours;
Pour courtiser et la brune et la blonde,
Il faut savoir profiter des beaux jours;
On a si vite atteint la cinquantaine,
Que les amours sur les ailes du temps
Se sont enfuis et laissent l'âme en peine,
Il nous faudrait toujours avoir vingt ans!

DURAND.

RETOUR DU PRINTEMPS

Air des *Femmes du peuple* (Alexandre GUÉRIN)

Petits oiseaux, choristes du bocage,
La liberté protège vos buissons,
Dans les rameaux de votre immense cage
En voltigeant, redites vos chansons.

Chantez, chantez, le printemps vient de naître,
L'hiver s'enfuit, vaincu par les beaux jours

Sur le sommet d'un chêne ou d'un vieux hêtre
Rebâtissez le nid de vos amours;

Un air plus doux a réchauffé vos ailes,
Vos petits becs, guidés par les désirs,
Vont pourchasser les amantes rebelles
Dont les refus retardent vos plaisirs.

Chantez, chantez, la campagne orgueilleuse
Montre au ciel bleu ses bataillons d'épis,
Le papillon, de sa robe soyeuse,
De la prairie émaille les tapis;

Au vent du soir lorsque la blanche lune
Livre son front aux flots diamantés,
Le marronnier, sur sa tunique brune,
Fait scintiller ses boutons argentés.

Chantez, chantez, une brillante étoile
Va pour jamais disparaître à nos yeux.
La blonde Irma va cacher, sous un voile,
Le blanc satin de son front radieux;

Elle adorait le fils d'une baronne,
Mais le maudit, égarant sa raison,
De sa candeur effeuilla la couronne,
Et lui ravit son virginal blason.

Chantez, chantez, sur un lit d'agonie
Un chansonnier sourit à son tombeau
L'adversité, compagne du génie,
Va de sa vie éteindre le flambeau;

Pour ce martyr, vaincu par la misère,
Plus d'un vantard prône son amitié,
Pourtant, demain il aura pour suaire,
Le noir linceul filé par la pitié. Noel Mourret.

JE N'AI QUE MON AMOUR

Paroles de J.-A. Sénéchal. — Musique de L. Abadie.

La musique se trouve chez Vieillot, éditeur, rue Notre-Dame de Nazareth, 32.

Oh ! dis-moi, belle Lise,
Toi, modeste et soumise,
Dis-moi, m'es-tu promise,
Toi que j'aime à revoir?
Quand près de moi tu passes,
Alors je suis tes traces,
Ton sourire, tes grâces
Me font perdre l'espoir.

Je n'ai point de fortune
Et languis chaque jour.
Mon cœur n'en aime qu'une,
Je n'ai que mon amour.

Hélas ! pour toi que j'aime,
O fortune suprême,
Faut il un diadème?
Je n'ai rien que mes bras ;
Mon cœur et mon courage,
Le gain de mon ouvrage,
Oui, voilà le seul gage
Que j'espère ici-bas.
Je n'ai point de fortune, etc.

Dans ma simple demeure,
Je t'aime... et puis je pleure,

Je veux ma dernière heure,
Je suis las de souffrir ;

Mais je te vois si belle,
Et tout bas je t'appelle,
J'aime à vivre pour celle
Pour qui je veux mourir.
Je n'ai point de fortune, etc.

RÉPONSE INATTENDUE.

Dans la vie orageuse
Dont la brise est affreuse,
Tu veux me rendre heureuse,
Viens, noble travailleur;
Je crois à ta promesse :
Ton cœur, plein de tendresse,
A toute la noblesse
Du plus puissant seigneur.

Viens, j'ai de la fortune,
Je suis riche pour deux,
Ton cœur n'en aime qu'une,
Viens, tu seras heureux.

MON ANE ET MA FEMME

Paroles de G. Leroy.—Musiq. de L. Pruchot.

La musique se trouve chez Vieillot, éditeur, rue Notre-Dame de Nazareth, 32.

Ah! ah! ah! j'ai perdu mon âne,
Ah! ah! ah! et ma femme aussi,
Ah! ah! ah! quoi qu'on me condamne,
Ah! ah! ah! merci, Dieu merci!

Mon ân', mon pauvre Pyrame,
N' voulait plus de sa ration,
Y n' faisions point comm' ma femme
Qui meurt d'une indigestion
Ah! etc.

Au marché, craignant que j' flâne,
Ma femm' m' suivait à tout propos :
Quand j' montais sus l' dos d' mon âne,
J'avais toujours notr' femm' sus l' dos.
Ah ! etc.

Je pleur' tant que je m'en pâme...
Allez .. j'ons l' cœur plus gros que l' poing :
On remplace un' mauvais' femme,
Mais un bon ân' ne s' remplac' point.
Ah! etc.

Dans ma maison ce qui m' damne,
C'est l' souvenir de mon ennui :
Souvent quand braillait mon âne,
Ma femm' braillait plus fort que lui.
Ah ! etc.

LES POMPIERS

Air des *Travailleurs* (E. Petit).

Honneur aux braves pompiers,
Tout, jusqu'à l'orage,
Cède à leur courage,
Honneur aux braves pompiers !
Le feu dans sa rage
Frémit sous leurs pieds.

Notre siècle aime les merveilles,
De hauts faits il est amoureux,
Aussi je consacre mes veilles
A chanter les traits généreux ;
Pompier au noble cœur, salut, deux fois salut!
L'éclair de ton soleil illumine mon luth.
Honneur, etc.

Lorsque la flamme est animée
Par les coups terribles du vent,
Dans un nuage de fumée
Les pompiers marchent en avant ;
Quand l'ombre du trépas près d'eux vient voltiger
Leur bras avec amour joue avec le danger.
Honneur, etc.

L'âme du pompier est hardie,
Les enfers tremblent à sa voix,
Au théâtre de l'incendie,
Le peuple admire ses exploits ;
Quand son casque vermeil est noirci par le feu,
Il ressemble au soldat des légions de Dieu.
Honneur, etc.

Le pompier est sur cette terre
L'homme le moins ambitieux,
La gaîté de son caractère
Le rend aimable à tous les yeux :
Pour couronner ses jours exempts de repentirs,
Sa main cueille souvent la palme des martyrs.
Honneur, etc.

Lorsque la lune vagabonde
Promène son char triomphant,
Le pompier veille sur le monde
Comme un père sur son enfant ;
Au banquet des élus, à côté du mineur,
L'éternité lui garde une place d'honneur.
Honneur, etc.

A chaque feuillet de l'histoire
Nous voyons un guerrier puissant,

Pour agrandir son territoire
Teindre les flots avec du sang,
La gloire du héros trône au milieu des morts,
Les lauriers du pompier fleurissent sans remords.
Honneur, etc. Noël MOURET.

UN RÊVE AU BORD DU BOIS

BERGERIE

Air : *Demoiselle et Grisette* (A MARQUERIE).

Ton vagabond troupeau se répand dans la plaine,
Ton appel manque, hélas! à tes chiens endormis;
Ne rêve plus, crois-moi, ma pauvre Mad leine,
Les rêves sont souvent de cruels ennemis.
N'as-tu pas ce qu'au jour ta mère te prépare,
Ton panier de fruits mûrs, ton morceau de pain bis?
Prends garde, au bord des bois un jeune agneau s'égare,
Bergère, veille bien sur tes blanches brebis!

Peut-être abandonnant ta trop simple houlette,
Te vois-tu transformée en dame de la cour?
Tes regards éblouis admirent ta toilette,
Le caprice te fait bergère pour un jour,
La fleurette à tes yeux ne vaut pas l'émeraude
Qui souvent sert d'agrafe à de coquets habits.
Prends garde, à deux cents pas je vois un loup qui rôde,
Bergère, veille bien sur tes blanches brebis!

Peut-être auprès de toi, vicomtesse ou marquise,
Vois-tu dans les bosquets s'asseoir un beau seigneur
Qui, te prenant la main, plein d'une grâce exquise,
Te parle avec transport, t'écoute avec bonheur!
Comme un souffle embaumé son haleine t'effleure,
Son doigt passe à ton doigt un anneau de rubis;
Prends garde, un mouton manque à ton troupeau qui pleure,
Bergère, veille bien sur tes blanches brebis!

Tu t'éveilles soudain... regarde, Madeleine!
Un bras vient de punir l'ennemi ravisseur;

Ton mouton aux buissons a laissé peu de laine;
L'amour trop méconnu fut votre défenseur.
S'il ne brille jamais dans un royal cortége,
Il calme tes chagrins imprudemment subis;
Rien ne vaut au réveil le cœur qui nous protége,
Bergère, veille bien sur tes blanches brebis!

Victor Drappier.

PRIÈRE DES NAUFRAGÉS

Air : *Demoiselle et Grisette* (Marquerie).

Où va ce frêle esquif qu'emporte la tempête
Vers l'Océan du Nord, sans voile et sans secours?
Un enfant à ses coups dérobe en vain sa tête;
La tourmente, en grondant, la menace toujours...
La nacelle a touché, par les autans battue,
Des plages sans soleil, comme sans lendemain...
Du gouffre qui dévore et du méchant qui tue
Sauve, Dieu tout-puissant, le faible et l'orphelin!

Aux écueils qui l'ont pris dans leur terrible étreinte
L'esquif brisé rejette aux glaçons éternels
Le martyr délaissé qui pleure et dans sa crainte
Réclame encor l'appui de deux bras maternels...
Sa mère! elle n'est plus... par la vague abattue
Les flots ont englouti cet espoir souverain.
Du gouffre qui dévore et du méchant qui tue
Sauve, Dieu tout-puissant, le faible et l'orphelin!

Où sont les heureux jours où sur un beau navire
Il voyait l'horizon toujours pur, toujours doux?
Père, mère et bonheur, un traître, en son délire,
Lui prit tout, dans un jour de crime et de courroux;
La faim par sa faiblesse à demi combattue
Lui trace vers la mort un rapide chemin...
Du gouffre qui dévore et du méchant qui tue
Sauve, Dieu tout-puissant, le faible et l'orphelin!

Il tremble, et nul abri ne s'offre à sa détresse ,
Il tremble et pas de bois sous ce ciel rigoureux ;
De tous côtés la glace et l'arrête et l'oppresse,
Il tombe, et nul n'entend ses soupirs douloureux !
Sa couche de glaçons de neige est revêtue !
Le froid saisit son corps que torture la faim...
Du gouffre qui dévore et du méchant qui tue
Sauve, Dieu tout-puissant, le faible et l'orphelin

Pauvre enfant! entends-tu cette rumeur profonde
Qui monte, qui grandit et vient t'épouvanter ?
C'est la mer qui mugit, c'est l'Océan qui gronde,
C'est la glace qu'il brise, et qui va t'emporter...
Comme du désespoir la vivante statue,
Ton regard, vers les cieux, cherche un appui divin.
Du gouffre qui dévore et du méchant qui tue
Sauve, Dieu tout-puissant, la veuve et l'orphelin !

Enfant! il faut mourir... mais soudain dans l'espace,
A son dernier appel des voix ont répondu ;
C'est le secours qui vient; c'est un vaisseau qui passe
C'est la vie à l'instant où tout semblait perdu ;
Le martyr est sauvé ; le ciel lui restitue
La liberté qu'il faut pour le venger enfin...
Au gouffre qui dévore et du méchant qui tue
Sauve, Dieu tout-puissant, le faible et l'orphelin !

Henri Simon.

BONSOIR

OU AJOURNONS A HUITAINE

Air connu.

Mes bons amis, ajournons à huitaine,
Nos airs joyeux, nos chants de gai savoir :
Momus remonte au céleste domaine.
Il est minuit, bonsoir,
Jusqu'au revoir, bonsoir. (*bis*)

A nos santés vidons pourtant nos verres :
Prêts à quitter ce toit hospitalier,
Nos devanciers, nos fidèles trouvères,
Buvaient toujours le coup de l'étrier.
Mes bons amis, ajournons à huitaine, etc.

De nos amis la cohorte agréable
Augmente encore avec ce vin clairet ;
Quand on est quinze en se mettant à table,
On se voit trente au sortir du banquet.
Mes bons amis, ajournons à huitaine, etc.

Il se fait tard, à gagner sa demeure
Chacun de nous doit prudemment songer ;
Pour les maris c'est un vilain quart d'heure,
Pour les amants c'est l'heure du berger.
Mes bons amis, ajournons à huitaine, etc.

Mais au buveur qui sent sa tête prise,
On doit offrir un bras sûr et prudent ;
Nous aurions l'air d'une patrouille *grise*
Si l'un de nous marchait en chancelant.
Mes bons amis, ajournons à huitaine, etc.

Mais d'un regard votre soif est coupable :
Sur ce bouchon pourquoi fixer les yeux ?
De ces flacons qui dorment sous la table,
Ah ! dans huit jours le vin sera plus vieux!
Mes bons amis, ajournons à huitaine, etc.

LA TEMPÊTE ET LA PRIÈRE

Air du *Beau nuage*.

Le vent mugit sur l'onde,
Au loin l'orage gronde,

Et la mer si profonde,
Les frappe de stupeur;
La vague est écumante
Et l'onde mugissante
Fait frémir d'épouvante
Le malheureux pêcheur.

Donne-nous l'espérance
De les revoir toujours!
Calme notre souffrance,
Vierge de Bon-Secours.

Ecoute la prière
D'un fils et d'une mère!
L'un tremble pour son père,
L'autre pour son époux.
La tristesse en partage
Peinte sur leur visage
Te tient ce doux langage:
Pitié pour eux, pour nous...

Donne-nous l'espérance, etc.

Ah! ne crois pas frivole
Notre sainte parole
Qui vers le ciel s'envole!
Et te supplie encor
De calmer la tempête
Qui gronde sur leur tête!
Que rien ne les arrête
De revenir au port.

Donne-nous l'espérance, etc.

J.-A. Sénéchal.

L'ILE SAINT-OUEN

CHANT DE CANOTIERS.

Paroles et Musique de BONNEFOND

La Musique se trouve chez Vieillot, rue Notre-Dame-de-Nazareth, 32.

Il est non loin du vieux Paris,
Il est une île enchanteresse :
Les amoureux y font leurs nids, } *bis.*
Le notre y manque, ma maîtresse. }

REFRAIN.

Sur la Seine qui coule
Qui coule, coule, coule,
Qui coule et qui nous roule
Avec toi j'ai besoin.
D'aller loin de la foule
Sur la Seine qui coule,
Qui coule et qui nous roule } *bis.*
A l'île, à l'île Saint-Ouen. }

Allons, ma belle au teint vermeil,
Au cœur brûlant à fondre glace,
Quittons la ville où le soleil
A de la peine à trouver place.
Sur la Seine qui coule, etc.

Comme de beaux petits oiseaux,
Se caressant du bec, de l'aile,
Nous mêlerons au bruit des eaux
Celui de nos baisers, ma belle
Sur la Seine qui coule, etc.

Plus belle cent fois que Léda
Ou la Diane chasseresse.
Gentil lutin du mont Breda,
Trop adorable pécheresse.
Sur la Seine qui coule, etc.

Crois-moi, prenons la clef des champs,
Et tous les deux, pleins d'alégresse,
Donnons l'essor à nos penchants,
Brillant trésor de la jeunesse.
Sur la Seine qui coule, etc.

LA BOUFFARDE.

CHANT DE CANOTIERS.

Paroles de V. Rabineau. — Musique arrangée par Cadet Favard.

La Musique se trouve chez Vieillot, rue Notre Dame-de-Nazareth, 32.

Quand de la rive on te regarde,
Gentil canot aux fins contours;
Va ma *Bouffarde*
Et sois toujours
Le rendez-vous de nos amours.

Dès que l'hiver fuit nos parages,
Dès qu'autour du joyeux Paris.
La Marne reprend ses ombrages
Et la Seine ses bords fleuris;
Il faut voir cingler sur Asnières
Le frêle esquif que nous lançons,
Jetant aux brises printanières,
L'éclat de rire et les chansons!
Quand, etc.

Notre équipage qui s'encadre
Entre ses avirons actifs
Ne sort pas d'une fière escadre
De vieux marins rébarbatifs.
Jamais tempête ne nous pousse,
Sans boussole, sous d'autres cieux.
Nous sommes des marins d'eau douce,
Nos boussoles sont de beaux yeux.
Quand, etc.

Le capitaine est un monarque
Peu jaloux de l'autorité,
Il laisse trôner sur la barque
Les caprices de la beauté ;
Nous suivons cette souveraine
Partout où flotte son désir,
Gais argonautes qu'elle entraîne
A la conquête du plaisir.
Quand, etc.

La Bouffarde vit d'harmonie,
Jamais de révolte à son bord ;
Toute contrainte en est bannie.
Chacun y rit, boit, chante ou dort.
Chacun aux manœuvres se prête,
Et quand le bras se ralentit,
Quand le bruit des rames s'arrête,
Le bruit des baisers retentit.
Quand, etc.

Que la Seine longtemps te garde
A nos amis, à nos amours,
File ma gentille *Bouffarde*,
File, file... comme nos jours.
Pendant que fuit la folle ivresse,
Ne te plains pas du sort moqueur,
A toi le doux flot qui caresse,
A nous les tempêtes du cœur.
Quand, etc.

PIQUETTE ET FILLETTE

Paroles de V. Rabineau. — Musique de Bonnefond.

La Musique se trouve chez Vieillot, rue Notre Dame-de-Nazareth, 32.

Mes amis, tant qu'on chantera
La piquette,
La fillette ;
La piquette nous grisera,
La fillette nous aimera,
Ah ! ah ! ah ! ah !
Et tout nous sourira. *bis.*

S'il est un beaume souverain
Contre l'ennui qui nous oppresse,
N'est-ce pas le joyeux refrain
Q'entonnent l'amour et l'ivresse?
N'est-ce pas le joyeux refrain *bis*
Qu'entonnent l'amour et l'ivresse ?
Mes amis, etc.

A jeûn nous osons peu, mais quand
Le vin pétille dans nos verres,
Le cœur devient plus éloquent
Et les beaux yeux sont moins sévères.
Mes amis, etc.

Lazzarone de nos vieux murs,
Le lézard de soleil s'enivre ;

Le soleil aux raisins bien mûrs
Transmet le feu qui fait tout vivre.
Mes amis, etc.

Le vin n'entre pas au sérail
Où la beauté baille et sommeil;
Vive la lèvre de corail
Qui s'ouvre à la coupe vermeille,
Mes amis, etc.

Le chant possède un doux pouvoir,
Il force des bouches mutines
Au sourire qui laisse voir
Un double rang de perles fines.
Mes amis, etc.

Si les dieux que nous encensons
Ne sont qu'idoles éphémères,
Le vin, l'amour et les chansons
Sont nos plus durables chimères.
Mes amis, etc.

REVIENS, MON FILS.

Air : *Reviens, mon fils* (Paul Henrion).

Reviens, mon fils, reviens dans ton village,
Fuis ce Paris où tu vis déplacé,
N'effeuille pas les fleurs de ton jeune âge.
Ton avenir maudirait ton passé;
Cesse de suivre une folle chimère,
Entends, comprends le cri de ma douleur :
Fuis ces plaisirs qui feront ton malheur
Pour faire, enfant, le bonheur de ta mère.

Reviens, mon fils, abandonne Paris,
Viens retrouver le bonheur au pays,
 Fuis le malheur, fuis le mépris,
Reviens, mon fils, abandonne Paris.

On me l'a dit, le jeu c'est la ressource,
N'écoute pas ce démon tentateur,
Quand le joueur n'a plus d'or dans sa bourse,
Il ne peut plus jouer que son honneur;
Jouer ainsi, la chance est éphémère,
Au lieu de l'or gagné mal dans un jour,
Viens t'enrichir du grand trésor d'amour
Que le ciel mit dans le cœur de ta mère.
 Reviens, etc.

L'amour de l'or n'est pas seul dans ton âme,
Un autre amour existe plus cruel;
Je la connais la belle et jeune femme
Que tu conquis même au prix d'un duel;
Elle t'aimer! mais ironie amère,
Son cœur blasé pour t'aimer est trop fier,
Ces doux baisers qu'elle te vend si cher,
Prends-les pour rien sur le front de ta mère.
 Reviens, etc.

Pardonne-moi, car le chagrin m'égare,
Ce sentiment qui m'est tout personnel,
Je le sais bien, la nature sépare
L'amour du cœur et l'amour maternel;
Contre le vice, implacable, sévère,
Es-tu surpris si mon cœur te défend,
Je ne veux pas qu'il vole mon enfant,
Je te dispute à lui... car je suis mère.
 Reviens, etc.

GUSTAVE LEROY.

LE BERGER DE LA TOURAINE.

Air des *Louis d'or* (Pierre Dupont).
Ou de *la jeune fille à l'éventail.*
ou *de Fleur des champs, rune moissonneuse.*

Pas un berger de la Touraine
N'a de moutons comme les miens,
C'est qu'il faut les voir dans la plaine
Respectés même par mes chiens;
Leur blanche laine est plus soyeuse
Que le plus beau manteau de roi,
Ils rendent mon âme joyeuse
En bondissant autour de moi.

Ah! vraiment, il n'est rien sur terre
A mes yeux qui semble si beau,
A la plus belle je préfère,
Je préfère mes blancs troupeaux.

Dans les plus riantes prairies,
Je les fais paître chaque jour,
Pour charmer ces bêtes chéries,
Je leur chante des airs d'amour;
Parfois pour m'entendre, Isabelle,
Se cache derrière un ormeau,
J'en ris, car ce n'est pas pour elle
Que résonne mon chalumeau
Ah! vraiment, etc.

Jamais je ne vais à la danse
Afin de ne les point quitter,

La nuit je me lève en silence
Pour les voir dormir, les compter ;
Mais voilà qu'un soir Isabelle
Vint rôder autour de chez nous,
Et je lâche mes chiens sur elle,
La nuit je ne songe qu'aux loups.
Ah ! vraiment, etc.

On dit qu'Isabelle m'adore,
J'y réfléchirai quelque jour ;
Je puis même, si ça l'honore,
Accepter sa main en retour ;
Mais s'il est très-vrai qu'en ménage
On partage tout entre époux,
Je dis bonsoir au mariage,
De mes moutons je suis jaloux.
Ah ! vraiment !

Mme Ernestine RABINEAU.

L'ANGE DÉCHU.

Air des *Quatre âges du cœur*.

Reviens, Anna, ta mère t'en supplie,
Ne tarde plus, elle en pourrait mourir,
Quitte, crois-moi, cette tourbe avilie
Où le mépris est l'âme du plaisir ;
A la vertu ton cœur est-il rebelle ?
Est-il flétri par l'or et le velours ?
Viens, il est temps, ton âme est encore belle,
Ne l'use pas aux profanes amours.

Plaisir éphémère
N'est pas le bonheur,
L'amour d'une mère
Jamais n'est trompeur ;
Calme ta douleur,
Reviens à l'honneur,
O viens sur mon cœur
Pleurer ton erreur !

Renonce au luxe, aux tentures dorées,
Attrait fatal aux enfants du travail ;
Jésus l'a dit, les brebis égarées
Trouvent toujours une place au bercail.
Ne peux-tu donc briser la lourde chaîne
Qui t'a rivée à ce monde moqueur ?
Rappelle-toi les pleurs de Madeleine,
Un amour chaste est le parfum du cœur.
Plaisir éphémère, etc.

Viens de ta mère adoucir la tristesse,
Si tu ne veux bientôt pleurer sa mort ;
Oh ! n'attends pas la précoce vieillesse
Qui sur ses pas traîne l'affreux remords.
Le repentir relève de la fange
L'ange déchu qui s'y tacha le front !
L'éclat de l'or brûla tes ailes d'ange,
Sous mes baisers tes ailes renaîtront.

Mme E. RABINEAU.

TABLE

Paris. — Typographie de Gaittet et Cie, rue Gît-le-Cœur, 7.